만주지역 통합운동의 주역
김동삼

만주지역 통합운동의 주역 김동삼

| 김병기 지음 |

글을 시작하며

김동삼은 우리 민족 독립운동사, 특히 만주지역 무장투쟁사를 빛낸 대표적인 인물 중 한 사람이다. 그가 남긴 민족운동의 족적은 1907년 협동학교協東學校 설립부터 시작되었다. 안동지역의 전통 척사유림들의 삶을 통하여 일찍부터 항일의식을 배우고 키웠다. 이러한 가운데 스스로 혁신유림이 되어 보수적인 문중 인사들을 민족운동의 최일선으로 이끌어낸 인물이 바로 김동삼이었다. 신민회新民會를 비롯하여 대한협회大韓協會 안동지회·대동청년단大同青年團 등의 구국활동은 구국교육운동을 거쳐 무장투쟁론으로 발전되었다.

1910년 국망國亡에 이르러서는 젊은 제자 20여 명을 이끌고 앞장서서 만주로 망명하였다. 이는 자신이 꿈꾸었던 독립전쟁론을 실현하기 위한 독립군 양성과 맞물려 있었다. 경학사耕學社와 신흥학교新興學校를 설립하는 한편 졸업생들을 이끌어 백두산 깊은 골짜기에 독립군 비밀 군영軍營인 백서농장白西農庄도 세웠다. 그가 맡은 '장주庄主'라는 직책은 '농장주'가 아니라 곧 독립군 군영의 최고 지휘자를 의미한다. 독립전쟁론에 입각한 무장항쟁을 추구하려는 의지는 여기에 고스란히 담겨 있다.

뿐만 아니라 우리 독립운동계, 특히 국외에서 김동삼은 항상 통합운동의 주역이었다. 이념을 달리하고, 방략을 달리하는 독립운동가들 사이에서 그는 이들을 하나로 묶는데 혼신의 힘을 다했다. 「대한독립선언서」 대표자로서 참가한 것도 이러한 자신의 원대한 꿈을 펼치려는 의도와 무관하지 않았다. 1922년 남만통일회를 이끌어 남만지역 통합운동의 결실인 대한통의부를 결성한 최고 책임자인 총장에 추대되었다. 1923년 독립운동가 대표들의 최대 모임인 국민대표회의에서는 의장으로 선출되는 등 그는 이미 한국 독립운동계의 최고지도자로서 우뚝 섰다. 그가 남만 독립운동계의 소환을 받고 만주로 귀환하기까지 다섯 달 동안 강경한 대립으로 맞서는 대표들의 온갖 난제難題를 끝까지 슬기롭게 풀어나가고자 노력하였다.

1927년 만주지역에서 유일당운동이 일어나자 김동삼은 다시 한 번 통합운동을 이끌었다. 열과 성을 다해 의견을 절충하고 주장을 한데 모아 '혁신적인' 대통합안도 제시하였다. 그러는 동안 기득권을 포기하는 경우도 적지 않았다. 심지어 사회주의 단체에 들어가 활동하면서 합작과 통합운동을 주도하는 지도력을 발휘했다. 스스로 기득권에 안주하기보다 어떠한 어려움이 있더라도 독립운동계의 통합과 이주한인의 생활

안정에 우선적인 순위를 두었다. 이는 항일무장투쟁을 견인하는 원동력이었기 때문이다.

우리 독립운동계에는 많은 훌륭한 인물들이 있었다. 하지만 이념·방략이나 지방색을 넘어 어느 쪽으로부터도 비난받지 않았던 큰 인물은 바로 김동삼이었다. 이는 독립운동가들이 한결같이 김동삼에 대하여 평가하는 일상적인 말씀이었다고 해도 과언이 아니다. 그가 지닌 대인大人으로서 풍모를 보여주는 일면은 여기에서 그대로 엿볼 수 있다.

김동삼과 함께 삼부통합운동을 전개했던 참의부 대표를 지낸 김승학金承學은 김동삼을 '남만의 맹호'라고 불렀다. 일송一松을 지칭하는 가장 적절한 표현이 아닌가 생각된다. 독립투쟁을 향한 열정과 매서운 눈빛, 일제의 악랄한 고문을 받으면서도 꺾이지 않는 기개氣槪는 '만주벌 호랑이'로 불려도 전혀 손색이 없다.

김동삼은 이처럼 독립운동 이외에는 한눈도 팔지 않는 '비범한' 인물임에 틀림없다. 그런데 가장이나 부모로서 아내와 가족을 위해 한 일은 거의 찾아볼 수 없다. 30여 년의 기나긴 만주생활 가운데 집을 찾은 것은 단지 세 번 뿐이었다. 경신대학살이 나던 해 참변을 당한 아우 김동만의 시신을 수습하기 위해 하루 저녁동안 잠깐 다녀갔다. 그리고는 1923년 봄 목단강시 영안현 주가툰의 가족을 찾았다. 맏며느리 이해동의 혼인조차 참석 못한 시아버지였다. 여기에서 김동삼은 이틀낮 사흘 밤을 보내고 이른 새벽에 바람같이 사라졌다. 1928년 여름 아성현 채가구에서 가족을 한 번 더 만났다. 첫 손자를 보기 위해 하루를 쉬고 그 이튿날 다시 말없이 떠났다. 소가하에 계시는 시어머니께 들러보시라고 권했으나 시아버지는 그냥 어디론지 가버렸다고 맏며느리 이해동은 회고록에 적었다. 이해동이 시아버지를 마지막 만난 것은 1931년 하얼빈 일본영사관 유치장에서였다.

김동삼 자신은 언제든지 목숨을 바칠 각오가 되어 있었겠지만, 그에게 가족은 무엇인가? 독립운동자 가족들에게만 치러지는 체념적 운명인가. 그러나 가족들은 그런 '무심한' 김동삼에게 조그마한 그 무엇도 바라지 않았다. 모든 것을 숙명으로 알고 그저 어른의 길을 따랐을 뿐이다. 그것만이 당신 김동삼을 위하여 가족들이 해줄 수 있는 최대한 '예우'라고 생각했을 지도 모른다.

이런 김동삼의 이야기를 필자는 어려서부터 옛날이야기처럼 듣고 자랐다. 그리고 마음속으로 그 어른을 품었다. 진정 당신이 꿈꾼 세상은 무엇인가 하고 말이다. 그런데 평생을 그렇게 바삐 돌아다닌 탓인지 그에 대해 남아있는 글은 거의 없다. 스스로 자료나 글도 남기지 않았다. 이런 저런 이유로 그 흔한 전기나 평전도 없었다. 다행히 연전에 김희곤 교수가 『만주벌 호랑이 김동삼』이라는 좋은 평전을 썼다. 안동 인물에 대한 따뜻한 애정과 깊이 있는 연구로 이미 이름난 터라, 내용이 살갑고 치밀했다. 더 이상의 자료나 보탤 내용이 내게는 없었다. 하지만 이미 독립기념관과 집필 약속이 되어 있던 터라 굳이 사족을 다는 기분으로 글을 시작했다.

이번 평전을 쓰는 데는 전적으로 김희곤 교수의 김동삼 평전으로부터 큰 도움을 받았다. 특히 안동마을 문중 인사들과 학맥·혼맥에 얽힌 문중들 이야기는 필자에게 소중한 자료가 되었다. 이 자리를 통해 감사

드린다. 필자로서는 만주 무쟁투쟁사를 다시 한 번 살펴볼 좋은 기회가 되었다. 일송 그 어른의 큰 삶과 경륜을 필자의 무딘 글로 감당하기는 어렵고, 행여 누가 되지 않을까 두렵다.

  이 책을 펴내면서 많은 분들께 신세를 졌다. 먼저 일송 어른을 만날 기회를 주신 독립기념관 한국독립운동사연구소 여러분께 감사드린다. 김형목 선생은 게으른 필자의 원고 작성을 독려해주고 기다려주셨다. 자료를 이용하게 해주신 여러분들, 그리고 모든 격려를 아끼지 않은 한가람역사문화연구소 여러분들께도 깊은 감사의 말씀을 드린다.

2011년 12월
도도히 흐르는 한강을 바라보면서
김 병 기

차례

글을 시작하며 _ 4

1 출생과 성장
의리론을 중시하는 명문가에서 태어나다 _ 12
현실문제에 정면으로 맞서다 _ 15

2 구국계몽운동
협동학교를 설립하다 _ 18
독립군 양성을 위한 기반을 구축하다 _ 29

3 만주 망명과 서간도 무장투쟁
신민회의 독립군기지 건설에 앞장서다 _ 33
안동 혁신유림들의 집단망명에 동참하다 _ 44
첫 망명지, 유하현 삼원포로 가다 _ 56
경학사와 신흥학교를 세우다 _ 60
부민단과 신흥학우단을 조직하다 _ 70
독립군영 백서농장을 건설하다 _ 74

4 통합운동의 주역이 되다
대한독립선언서 대표자로 참가하다_79
대한민국임시정부 조직에 앞장서다_84
한족회와 서로군정서의 주역이 되다_85
경신참변으로 동생을 잃다_96
남만지역 통합운동을 주도하다_109
국민대표회의 의장을 맡다_121
처음으로 맏며느리 인사를 받다_129
통의부 분열을 종식시키고 정의부를 조직하다_131

5 다시 통합운동에 나서다
유일당운동과 삼부통합운동에 나서다_144
사회주의 계열과 타협을 시도하다_159
다시 가족을 만나다_162

6 하얼빈에서 체포되다
법정투쟁으로 일관하다_166
서대문형무소에서 순국하다_171
마지막 떠나는 길을 한용운이 도우다_176

7 김동삼 사후 이야기들
가족들의 이야기_179
취원창에 새로운 터전을 마련하다_184

김동삼의 삶과 자취_188
참고문헌_192
찾아보기_199

01 출생과 성장

의리론을 중시하는 명문가에서 태어나다

김동삼은 1878년 6월 23일 경북 안동군 임하면 천전리川前里에서 태어났다. 본관은 의성 김씨, 본명은 긍식肯植, 자는 한경漢卿이었다. 뒷날 만주로 망명하여 독립운동에 투신하면서 이름을 동삼東三, 자는 성지省之, 호를 일송一松이라 했다. 집안에서는 김종식金宗植이란 다른 이름을 쓰기도 하였다. 그가 태어난 생가는 낙동강변에 위치한 관계로 흔히 '내앞마을'이라 불렸다.

내앞마을은 조선 초·중기의 학자 청계靑溪 김진金璡이 터전을 잡은 곳이다. 이곳은 다섯 아들이 모두 급제한 '오자등과五子登科'의 명당으로 유명하다. 그 중 넷째 아들 학봉 김성일金誠一은 퇴계 이황李滉의 수제자로 서애 유성룡柳成龍과 함께 영남 유림의 대표적인 학맥을 형성하였다. 다섯 아들이 모두 종택을 유지하면서 오늘날까지 번성해 왔다는 점이 특이하다. 첫째인 약봉 김극일의 집이 대종택이라면 나머지 네 형제의 집

안동 천전동의 김동삼 생가

은 각각 소종택을 이루며 전해오고 있다.

김동삼은 아버지 김계락金繼洛의 맏아들로 태어났다. 김진의 둘째 아들인 귀봉 김수일의 후손이 된다. 그가 의성 김씨 전통 양반 가문에서 태어나 구학문을 배우고 그 뒤에 언제부터 신학문에 뜻을 두었는지는 자세히 알려져 있지 않다. 그는 한말 안동지역의 최고 유학자며 지도자였던 서산西山 김흥락金興洛 문하에서 구학문인 성리학을 익히며 성장했다.

김흥락은 학봉 김성일의 12대 종손으로 영남 퇴계학맥의 적통을 이어받은 인물이다. 안동지역에서 퇴계의 학맥을 이었다는 것은 대단한 영예로 여겨져 많은 존경을 받았다. 조선시대 감사도 퇴계 학통을 계승

한 인물에게는 함부로 대하지 못했다. 그런 김흥락은 사촌이었던 의병대장 김희락을 숨겨주었다가 일본 경찰에 의해 수모를 겪게 되었다. 일경은 김흥락의 집까지 샅샅이 뒤져 그를 체포하고 크나큰 치욕을 주었다. 당시 17세였던 김동삼은 안동의 명유인 스승 김흥락이 수모를 당했다는 소식을 듣고 분개했다. 아마도 이 사건이 김동삼에게 항일의식을 키우게 되는 결정적인 계기가 되었을 것으로 짐작된다.

김동삼이 태어나던 시기는 조선사회가 대내외적으로 혼란하였다. 그가 태어나기 2년 전인 1876년(고종 13)은 10년 동안 섭정하던 흥선대원군이 물러나고, '운요호사건'으로 일본에 대한 국내여론이 들끓던 때였다. 일본 전권대사 구로다 기요타카黑田淸隆는 한국군이 일본 군함 운요호를 강화도 앞바다에서 포격한 것을 구실삼아 마침내 2월 27일 일본과 '강화도조약江華島條約'을 맺게 되었다. 이는 외국과 맺은 최초의 근대적인 조약이자, 장차 한국이 식민지화 되어가는 과정의 시발점이었다. 강요된 개항으로 조선사회는 국제사회의 일원으로 등장하게 되었지만 동시에 외세 침략을 받게 되는 직접적인 빌미를 제공한 셈이 되고 말았다.

개항 당시 국내의 정세는 매우 혼란스러웠다. '일본과 서양의 문물을 배척하자'는 보수 세력의 반발이 극심하였으며, 한편으로는 '메이지유신明治維新 이후 급속히 발전한 일본의 새로운 모습을 본받자'는 개화세력도 대두되고 있었다. 그러나 지배층은 새로운 변화를 제대로 수용하지 못한 채 별다른 대응책을 제시하지 못하는 상황이었다. 이 무렵 김동삼은 소용돌이치는 역사의 격랑을 직접 목격하였다.

그가 7세 되던 해, 박영효朴泳孝·김옥균金玉均 등 개화파에 의한 갑신정변甲申政變이 일어났다. 이 개혁운동은 일본의 배반과 청나라의 무력 개입으로 인해 '삼일천하'로 막을 내리고 말았다. 그로부터 10년 후인 1894년에는 동학농민운동이 일어났고, 또 이를 빌미로 하여 청일전쟁淸日戰爭이 발발했다. 한국인의 의지와는 무관한 전쟁이었지만, 한반도는 청나라와 일본의 각축장이 되었고 한국인들은 고스란히 전쟁의 참화를 겪어야만 하였다. 김동삼은 계속되는 참혹한 국난의 모습과 조정 관료들의 무력함을 몸으로 체득하면서 소년기를 보냈다. 일생을 항일투쟁에 헌신한 김동삼이 이러한 시대 분위기 속에서 성장했다는 것은 결코 우연이 아니다. 그에게 급변하는 시대상황은 현실문제에 대해 보다 깊은 관심을 유도하는 요인이 되었다.

　1895년 12월 단발령이 시행되었고, 이어 명성황후明成皇后가 시해되는 을미사변이 일어났다. 스승 김흥락은 안동의병을 일으키자는 논의를 주도하고 의병의 지도자가 되었다. 의병 논의를 주도했던 김흥락이나 류도성柳道性이 의병장의 자리를 끝내 사양하자 권세연權世淵이 의병장으로 선출되었다. 스승이 의병 지도자로 나섰으니 그도 의병에 어떤 형태로든 참여하였으리라는 짐작이 간다. 다만 당시 내앞마을에서 연달아 상례가 치러지면서 내앞마을 문중에서 직접 의병에 참여하기란 어려웠을 것이라는 견해도 있다.

현실문제에 정면으로 맞서다

김동삼이 현실 개혁문제에 본격적으로 나선 것은 1905년 무렵이었다.

당시 안동의 유림 인사들 중에서도 서울을 드나들면서 서양사조의 영향을 받은 인물들이 나오고 있었다. 동산東山 류인식柳寅植은 그런 인물 가운데 대표적인 한 사람이었다. 석주石洲 이상룡李相龍과 의병을 일으키기도 했던 류인식은 성균관에서 단재丹齋 신채호申采浩의 영향을 받아 개화운동에 나선 것으로 전해진다. 이처럼 전통적인 성리학 질서에 뿌리를 두고 서양문물을 받아들이려는 사람들을 흔히 '혁신유림'이라고 불렀다. 이상룡·류인식·김동삼 등이 안동지역의 대표적인 혁신유림이라 할 수 있다.

김동삼이 혁신유림이 된 구체적인 기록은 찾을 수 없으나, 다만 일곱 살 위였던 류인식이 개화사상을 받아들인 것이 그에게 영향을 주었을 것으로 추측된다. 그는 이 무렵 서울을 오가면서 새로운 변화를 온 몸으로 체험하고 이를 수용하는데 적극적이었다.

1905년 그의 나이 28세 되던 해, 일본의 강압에 의해 '을사늑약'이 체결되었다. 대한제국은 독립국가로서 국제적 지위를 상실하고 일본의 보호국이 되는 '국제적인 미아'나 다름없었다. 이듬해 통감부統監府가 설치되었다. 일본의 통감은 사실상 대한제국 내정 일체를 주도하는 무소불위와 같은 존재였다. 김동삼은 이 소식을 듣고 장차 나라가 망할 것이라는 생각에 비분강개하였다. 이와 같은 난국을 타개하기 위해서는 근대교육을 통한 구국계몽운동이 가장 시급하다고 생각하기에 이르렀다.

이 무렵 전국 방방곡곡에서는 뜻 있는 학자와 지사들이 의병을 일으켜 일제에 대한 무장 항쟁을 전개하고 있었다. 참판 민종식閔宗植은 홍성에서, 전 참찬 최익현崔益鉉은 순창에서, 신돌석申乭石은 경상도에서, 유인

시일야방성대곡(『황성신문』 1905년 11월 20일)

석은 충청도와 강원도 등지에서 크게 활약했다. 더욱이 마지막 대한제국의 보류였던 군대해산 이후에는 전면적인 항일전쟁으로 발전되었다. 안동에서 그리 멀지 않은 경북 북부와 동부는 이러한 의병전쟁의 중심무대나 다름없었다.

02 구국계몽운동

협동학교를 설립하다

1907년 김동삼은 자주 독립을 위한 신교육의 필요성을 절감하고 향리인 천전리 내앞마을에 류인식·김후병金厚秉 등과 함께 신식교육기관인 사립 협동학교協東學校를 세웠다. 동지들의 추천으로 그는 교감에 선임되었다. 그러나 안동은 전통적인 유교 풍습이 뿌리 깊게 박힌 곳이었기 때문에 처음부터 유림의 완강한 반대에 봉착하였다.

그러한 반대에도 불구하고 그는 새로운 교육사업에 매우 적극적이었다. 먼저 국권회복운동을 하기 위해서 가장 시급한 과제는 청소년들에게 애국심을 고취하는 것이라고 생각하였다. 이러한 신념은 신교육 시행에 부정적인 유림들을 설득하는 계기가 되었다.

협동학교 설립은 선각자 류인식을 비롯하여 김동삼·김후병이 주도했을 것으로 추측된다. 의성 김씨 큰 종가 종손이던 김병식金炳植이 초대 교장을 맡았다. 성리학을 철통같이 고수하는 안동지역에서 대표적 문중인 의성 김씨 종손을 신교육의 대표자로 이끌고 추대한 인사들이 바로 김동삼과 김후병 두 사람이었다. 김동삼보다 네 살이 위인 김후병은 발기인의 한 사람으로 참여하는 등 협동학교 설립을 사실상 주도하였다.

류인식은 서울에 올라가 성균관을 드나들면서 신채호를 만났다. 또한 일찍부터 서양 근대문물을 받아들였던 장지연張志淵과 류근柳瑾 등의 개신유학자들을 만난 것도 이때부터였다. 그는 중국의 양계초梁啓超가 지은 『음빙실문집飮氷室文集』을 통해 서양의 새로운 사상과 문물을 접하게 되었는데, 이후 이 책을 협동학교의 교재로 사용하는 데 앞장섰다. 이것은 그가 양계초의 새로운 사상에 상당히 기울었다는 사실을 객관적으로 보여주는 대목이다.

류인식은 『음빙실문집』을 비롯한 새로운 서적들을 접하면서 세계정세에 대한 폭넓은 인식을 가지게 되었다. 아울러 그는 이를 바탕으로 국권을 수호할 수 있는 새로운 방략을 모색하게 되었다. 신사상을 수용한 류인식은 보수적인 안동의 유림들을 깨우치고, 청년들에게 신교육을 시켜 계몽운동의 주체로 육성하고자 하였다. 그는 선각자로서 자신의 태도와 의지를 확고히 보여주기 위해 스스로 단발을 단행하였다. 이는 척사유림들에게 '변고變故'나 다름없는 커다란 충격으로 다가왔다. 당시 단발은 이곳에서 척사유림을 긴장시킨 가장 민감한 사안이었다.

1904년경에 안동으로 돌아온 류인식은 곧바로 김동삼 등과 만났다. 그리고 그는 안동지역에 근대식 학교를 설립하여 시대 변화에 부응한 인재를 양성해야 한다는 뜻을 밝혔다. 하지만 안동지역 유림들을 설득하기는 아직 역부족이었다. 척사유림들의 격렬한 반대에 부딪혀 신교육

이만도 선생 순국유허비

을 실시하려던 시도는 처음부터 좌절되고 말았다. 그럼에도 불구하고 국권회복운동을 도모하기 위한 이들의 의지와 열정은 결코 사라지거나 퇴색되지 않았다. 오히려 신교육을 시행하기 위한 다양한 방도를 모색하는 계기였다.

결국 류인식은 스승인 김도화金道和와 부친 류필영柳必永으로부터 사제와 부자의 인연을 끊기는 처지로 내몰렸다. 예안 의병장을 지낸 이만도李晩燾는 1910년 국권을 상실한 후 식음을 끊고 순국하는 순간까지도 신교육에 반대하는 입장을 견지하였다. 김대락金大洛의 동생 김소락은 자신의 아들이 단발하고 신식학교에 다니게 될까 염려하여 단지혈서로 신교육을 엄금하는 글을 지을 정도였다. 김대락 또한 신교육을 일으키자고 말하는 사람이 있으면 큰 소리로 꾸짖고 극력 반대했다. 이처럼 당시 안동 유림들의 분위기는 신교육에 대한 극단적인 반대로 치달았다.

1906년 3월 광무황제가 「흥학조칙興學詔勅」을 공포하고, 이어 경북관찰사 신태휴申泰休가 「흥학훈령興學訓令」을 발표하면서 분위기는 서서히 반전되기 시작했다. 여기에 내앞마을 종손인 김병식의 초대 교장 취임

협동학교 옛터

협동학교 기념비

은 대외적으로 학교 설립의 위상을 확고하게 해주는 결정적인 계기가 되었다. 종손이 교장을 맡았으니 문중에서도 무조건 반대만 할 수는 없었다. 여기에 힘입어 류인식·김후병·하중환 등이 학교 설립인가를 신청하자, 마침내 1907년 봄에 설립이 실현되었다. 이전에는 상상조차 할 수 없었던 천지개벽 같은 일이 안동에서 일어났다.

학교명을 협동학교라고 지은 이유는 「협동학교 설립 취지문」에 잘 드러난다.

> 나라의 지향志向은 동국東國이요, 향토의 지향은 안동이며, 면의 지향은 임동臨東이므로 '동東'을 택하였고, 안동군의 동쪽에 자리 잡은 7개 면이 힘을 합하여 설립한다는 뜻에서 '협協'을 사용하였다.

협동학교 설립목적은 단지 신교육 시행만이 아니라 애국심을 분발시키는 가운데 나라를 위한 인재양성에 있었다.

학교 설립이 본격적으로 추진되면서 학교 건물은 내앞마을 의성 김씨 문중 서당인 가산서당을 사용하기로 하였다. 김동삼은 협동학교 설립에 앞장서서 유림들의 찬성을 이끌어내고, 동시에 호계서원의 재산을 협동학교로 귀속시키는데 힘썼다. 이때 백하白下 김대락도 신교육 반대의 뜻을 거두며, 사랑채를 학사로 내놓고 자신은 초라한 초막으로 거처를 옮겼다.

김대락은 김동삼의 집안 어른이자, 후일 66세의 노구로 만주 망명길에 오른 민족운동가이다. 그는 안동지역의 유력한 유림으로, 그가 신新

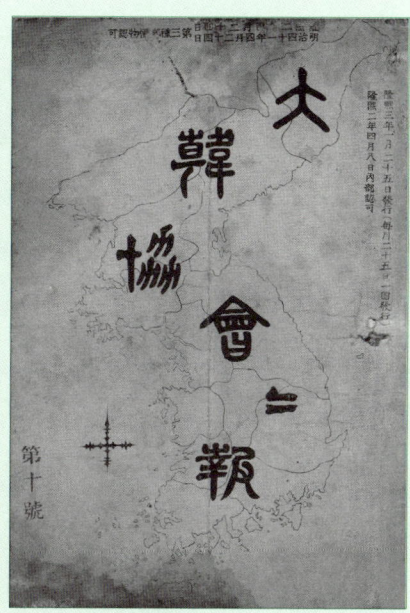

『대한협회회보』(제1호, 제10호)

대한협회 휘장

이상룡

사상을 수용한 시기는 매부 이상룡李相龍이 대한협회 안동지회 설립을 추진할 무렵부터라고 추측된다. 김대락의 망명일기에는 『대한협회회보』의 논설을 읽고 비로소 많은 정세변화를 인식했다고 적었다. 그는 한번 깨달으면 곧 실천하는 인물이었다. 협동학교로 쓰던 가산서당이 협소하다는 이야기를 듣고 선뜻 자신의 사랑채를 내어 놓은 사실은 이를 반증한다.

전통유림인 김대락이 생각을 바꾼 것은 대단한 변화였다. 한때 김대락의 아버지가 금부도사에 임명된 적이 있기에 마을에서는 그의 집을 '도사댁'으로 불렀다. 도사댁은 세칭 '사람 천 석, 글 천 석, 살림 천 석 댁'으로 불릴 만큼 인품·학문·경제력을 두루 갖춘 드문 집안이었다. 4남 3녀의 장자였던 그는 모두 여섯 명의 동생을 두었는데, 첫째 여동생의 남편은 석주石洲 이상룡이었다. 게다가 막내 여동생 김락金洛은 1919년 3·1운동 때 57세의 나이로 시위에 참가했다가 일제의 고문을 받아 두 눈을 잃은 독립투사였다. 또한 그녀의 남편은 경술국치에 순국한 향산響山 이만도의 아들이자 파리장서의 핵심인물로 활약했던 이중업李仲業이다.

협동학교 설립은 당시 신민회新民會가 전개하던 교육구국운동과도 밀접한 관련성을 지닌다. 신민회가 국권을 회복하고 신국가를 건설하기 위한 실력양성의 방략으로 가장 심혈을 기울인 분야는 교육구국운동이었다. 이 운동은 전국적으로 확대되어 각 지역에서는 전답까지 팔아 사립학교를 설립하는 등 맹렬한 기세로 전개되었다. 정주 오산학교, 평양 대성학교, 강화도 보창학교, 안악 양산학교 등은 당대를 대표하는 민족교육기관이었다. 주민들의 경제적인 능력에 따라 '의무교육비'를 부담하는 의무학교 설립도 이러한 상황과 맞물려 진전되었다. 군 단위로 진행된 학구學區에 의한 의무교육 시행은 이를 분명하게 보여준다. '근대교육 시행은 곧 국민적인 의무'라는 인식은 전반적인 사회분위기로 확산되어 나갔다. 경술국치 이전까지 설립된 사립학교나 야학 등 근대교육기관은 6,000여 개교였다.

안동의 협동학교도 이러한 취지에서 이루어진 신식학교였다. 교과목이나 교육과정은 선각적인 인재를 육성하기 위한 중등교육이었다. 신민회는 애국적 인사들을 교사로 파견하는 등 국권회복운동에 필요한 민족교육을 지원하였다. 협동학교는 서울에서 교사를 초빙하는 등 근대교육 보급에 노력하였는데, 이를 주선한 곳이 바로 신민회였다. 교감 김기수, 교사 이관직李觀稙과 안상덕 등은 초빙된 신민회 인사들이었다. 안동의 협동학교와 신민회를 연결시키는 역할은 주로 류인식과 김동삼이 맡았다.

협동학교는 경북 북부지역 구국계몽운동의 효시라 할 수 있다. 청소년에 대한 근대교육 시행은 물론 이곳 지식인들에게도 커다란 영향을 미쳤다. 협동학교에 파견된 신민회 관련 교사들을 통해 안동지역의 혁신유림들은 서울에서 활동하던 구국계몽운동가들과 교분을 가질 수 있

김동삼과 협동학교 교직원

었다. 1907년 11월 대한협회가 조직될 때 류인식은 발기인의 한 사람으로 참여하였다. 이상룡은 대한협회 본회의 요청으로 1909년 봄 대한협회 안동지회를 조직하고 지회장이 되었다.

협동학교의 정규 교육과정은 3년제 중등과정이었다. 재학생 연령도 대부분 20세를 초과한 청년층이었다. 근대적인 학문을 가르치면서도 자주독립정신과 애국심을 향상시키기 위해 국사·지리·국어 교육 등에도 중점을 두었다. 시세 변화를 일깨우는 동시에 민족지도자를 육성하려는 의도를 여기에서 찾아볼 수 있다. 협동학교 졸업생들은 안동 일대에 각종 사립학교와 강습소를 설립하는 등 민중을 계몽하는 동시에 애국심 고취에 노력을 기울였다. 이는 교육을 통한 민족의식과 국가정신을 앙양하려는 의도 속에서 추진되었다.

김동삼은 이러한 협동학교의 설립과 운영에 앞장서서 참여하였다. 학교 설립을 위해 전통적인 척사유림들의 반대에 맞서고, 학교의 재정을 마련하는 데도 힘썼다. 그는 직접 학교 교육에도 참가하는 등 남다른 노력을 기울였다. 당시의 사진을 보면 교사들은 모두 상투를 자르고 단발 차림임을 알 수 있다. 학생들도 모두 상투를 자르고 단발을 하자, 일부 의병들은 이에 불만을 품었다. 결국 1910년 7월 18일 최성천崔聖天이 이끄는 예천지역 의병들은 학교를 기습하여 교감 김기수金基洙, 교사 안상덕安相德, 서기 이종화를 살해하는 참사를 벌였다.

이와 같이 김동삼은 협동학교 설립과 운영상 주역으로 활동하였다. 그밖에도 그는 신민회 회원으로 활동하였고, 대한협회 안동지회와 대동청년단에도 가입하여 활동한 것으로 알려져 있다.

대한협회 창립 1주년 기념식

대한협회 창립 2주년 기념식(1909년 11월 17일)

독립군 양성을 위한 기반을 구축하다

김동삼은 대한협회 안동지회에서 활동한 것으로 추정된다. 대한협회는 대한자강회의 후신으로 1907년 11월 서울에서 만들어진 구국계몽단체였다. 남궁억南宮檍·오세창吳世昌·윤효정尹孝定·장지연·권동진 등이 주도하면서 전국에 100여 개의 지회를 두는 등 수만 명의 회원을 확보하였다. 안동에서는 이상룡·류인식·송기식宋基植 등이 주도하여 지회를 운영하였다.

안동지회는 서울을 비롯한 다른 지역의 구국운동과는 성격이 다른 점이 눈에 띈다. 이는 '의용병 양성'이라는 군대조직을 지향한 사실인데, 이것은 의병항쟁의 본 고장이었던 안동이었기에 가능한 일이었다. 실제로 안동지회를 주도한 이상룡은 1895년 을미사변이 일어나자 박경종朴景鍾과 함께 가야산에서 의병을 모의하였고, 의병장 권세연과 이강년李康秊 등을 지원했던 전력이 있다.

1909년 신민회가 이른바 '독립운동기지건설'로 본격적인 무장투쟁론을 벌이기 이전부터 이미 안동지역에서는 독립전쟁론의 기운이 싹트고 있었다. 이상룡·김대락·김동삼 등 대한협회 안동지회의 이러한 움직임은 이후 만주 망명과 함께 독립운동기지건설을 통한 독립군 양성으로 나타나게 되었다. 이는 본회의 운동노선과 갈등을 초래하는 요인 중 하나였다.

대한협회 안동지회는 이후 서울의 본회가 점차 친일로 기울자 지회장 이상룡의 이름으로 항의서한을 보냈다. 서한은 본회의 친일적인 행

안희제

서상일

남형우

위에 대한 준엄한 질책을 내용으로 하고 있으며, 이것은 일진회一進會·서북학회西北學會의 이른바 '삼파연합'에 대한 반발이었다. 결국 안동지회는 대한협회를 탈퇴하는 등 독자적인 독립전쟁론을 더욱 강화하여 나갔다.

김동삼은 대동청년단에서도 활발한 활동을 전개하였다. 대동청년단은 1909년 10월에 안희제安熙濟·서상일徐相日·이원식李元植·남형우南亨祐 등 영남 일대의 인사들이 주도하여 만든 비밀결사조직이다. 신민회가 서울과 서북지역 인사들이 주류를 이루었다면, 대동청년단은 영남지역 인사들을 중심으로 활동한 단체였다.

단규團規는 단원은 반드시 피로써 맹세할 것, 새로운 단원 가입은 단원 두 명 이상의 추천을 받을 것, 단명團名이나 단團에 관한 사항은 문자文字로 표시하지 말 것, 경찰 기타 기관에 체포될 경우 그 사건은 본인에만 한하고 다른 단원에게 연루시키지 말 것 등으로 정하였다.

백산상회

    단장은 남형우, 부단장은 안희제(2대 단장), 단원은 김동삼을 비롯한 서상일·윤현진尹顯振·장건상張建相·백광흠白光欽·이극로李克魯·김갑金甲·박중화朴重華·윤세복尹世復·신성모申性模·신팔균申八均·신채호申采浩·고순흠高順欽·이학수李學洙 등 54명의 명단을 파악할 수 있다. 이들은 신민회·교남교육회嶠南敎育會·달성친목회達城親睦會·조선국권회복단朝鮮國權恢復團 등에서 활동한 인물들이었다. 1910년대 일부 단원들은 해외로 망명하여 항일독립운동 진영에 합류하였으나 대부분 국내에서 활동하였다. 3·1운동 이후 대한민국임시정부를 비롯하여 만주지역의 독립군 단체나 의열단 등에도 가담하여 활동하였다. 일부는 사회주의 사상을 수용하여 조선노동문제연구회朝鮮勞動問題硏究會와 조선노동공제회朝鮮勞動共濟會에 가담하였다.

이들의 독립운동방략은 국내운동에 역점을 두고 인재 육성과 군자금의 조달, 국내외 독립운동 세력과 연락에 주력하였다. 독립운동의 인적자원을 확보하기 위해 각지에 신교육기관을 설립했다. 기미육영회己未育英會를 조직하고 유망한 청소년의 해외유학을 통해 국권회복운동의 동량을 양성하고자 하였다. 군자금 조달과 국내외의 연락 활동을 위한 각지의 백산상회 지점 또는 연락사무소를 이용하였다. 이들은 독립운동의 주요한 거점이었다. 대구 서상일의 태궁상회太弓商會와 서울 이수영李遂榮의 미곡상 등도 이러한 목적에서 운영되었다. 봉천연락사무소는 이해천李海天의 해천상회海天商會가 담당하였다. 이외 왜관 윤상태의 향산상회香山商會, 통영 서상호의 미곡상(정미소), 원산의 원흥상회元興商會, 마산의 원동상회元東商會·환오상회丸五商會도 연계되어 있었다. 단원들이 크고 작은 독립운동 사건에 연루되기도 하였으나 노출되지 않고, 1945년까지 명맥을 이어갔다.

　김동삼은 이러한 조직을 통하여 군자금을 조달하는 등 독립군기지건설에 필요한 인적·물적인 기반을 구축할 만큼 열성적이었다. 만주지역에서 무장투쟁론을 견지할 수 있었던 배경도 여기에서 어느 정도 이해할 수 있다. 다만 신민회나 대동청년단 등은 모두 비밀결사였기 때문에 실체를 정확히 파악하기에는 사실상 많은 어려움이 따른다.

만주 망명과 서간도 무장투쟁 03

신민회의 독립군기지 건설에 앞장서다

1905년 '을사늑약'이 강제 체결된 이후 한민족은 이에 저항하는 국권회복운동이 본격적으로 전개되었는데 크게 의병전쟁과 구국계몽운동이다. 의병들은 승패를 초월하여 일제에게 즉각적인 항쟁을 단행하였다. 패전은 물론 죽음까지도 각오한 결사항쟁이었다. 반면 구국계몽운동은 중장기적인 관점에서 개인이나 민족적인 실력을 양성하려는 입장이었다.

구국계몽운동의 기본전략은 먼저 국민을 애국주의와 신지식으로 교육·계몽하고 청소년을 국권회복을 위한 민족적인 지도자로서 양성하여 민족내부의 실력을 준비하고 키워내는 데 있었다. 또한 국외에서 독립군기지를 건설하고 독립군을 양성하였다가 일본제국주의가 더욱 팽창하여 중국·러시아·미국 등과 장차 전쟁을 일으키게 되면 이들과 함께 대일전쟁對日戰爭을 감행하여 우리의 독립을 쟁취한다는 방략이었다. 이에 따라 독립운동이 전개되는 세계 어느 곳에서든지, 일제가 패망하는

양기탁

그날까지 민족의 군대인 독립군을 양성하고 무장부대를 편성하는 사업이 추진되기에 이르렀다.

이러한 구국계몽운동을 전개했던 대표적인 단체가 바로 신민회였다. 신민회의 무장투쟁노선은 독립운동기지건설로 실현되었다. 신민회가 국외에 독립운동기지를 건설하고 무관학교를 설립하여 현대적 정규군과 같은 독립군을 창건하려고 본격적으로 논의한 것은 1909년 봄이다. 신민회 간부들은 양기탁梁起鐸의 집에서 전국 간부회의를 열었다. 주요 의제는 국외에 적당한 후보지를 골라 독립군기지를 만들어 무관학교를 설립하고 독립군 장교를 양성하려는 것이었다.

이 사업이 실천에 들어가기 전인 1909년 10월 26일 안중근安重根의 이토 히로부미伊藤博文 저격사건이 일어났다. 이때 안창호를 비롯한 다수의 신민회 간부들이 일제의 헌병대에 구금되었다가 이듬해인 1910년 2월에야 석방되었다. 본래 계획은 이러한 상황과 맞물려 수정되지 않을 수 없었다.

신민회는 1910년 3월 긴급 간부회의를 열었다. 여기에서 논의 끝에 결정된 사항은 다음과 같다.

첫째로 '독립전쟁전략'을 최고전략으로 채택하고, 둘째 국외에 '독립운동기지'와 핵심체로서 '무관학교' 설립을 결정하였으며, 셋째로 일제 헌병대에 구속되었던 간부들은 원칙적으로 국외에 망명하여 이 사업을 담당하며, 넷째로 국내에 남는 간부들과 회원들은 이 사업을 지원한다는 등이었다.

당시까지 진행하던 구국계몽운동도 병행하는 등 국내외 독립운동세력 결집에 노력을 경주하였다. 이러한 취지에 따라 우선 국외로 망명할 인사로 안창호·이갑·이동녕·이동휘·이회영·이종호·신채호·조성환·최석하 등을 선정하였다. 국외 독립운동기지를 더욱 확대하기 위한 일환으로 각 지역도 분담시켰다. 안창호와 이갑은 구미지역, 이동녕은 노령 연해주지역, 이동휘는 북간도, 이회영과 최석하는 서간도, 조성환은 북경지역을 각각 맡았다.

이갑

만주에 독립운동기지를 창건하기로 결정한 신민회 간부들 가운데 우선 안창호를 비롯하여 이갑·유동렬·신채호·김희선·이종호·김지간·정영도 등이 1910년 4월 북경 등지로 망명하였다. 뒤이어 이동녕 등은 만주·노령일대를 답사하기 위해 출국했다. 망명 간부들은 중국 청도에 모여 청도회의를 열고 만주 또는 노령지역에 신한민촌과 무관학교를 건설하는 안을 채택하였다. 이들의 목표는 실력양성론으로, 민족의 역량이 충족될 때까지 힘을 키워 일제에 대항한다는 것이었다. 그런 만큼 주된 실천사업은 학교 설립과 한인사회의 기반 조성이었다. 그러나 1910년 9월 노령 블라디보스토크에 도착한 후 얼마 되지 않

이동휘

신채호

이회영

아 일제가 한국을 병탄하여 조국이 완전히 일제의 식민지가 되었다는 소식을 들었다. 그들은 큰 충격과 아울러 독립운동의 새로운 방략을 모색하게 되었다. 그 가운데 유동렬·김희선金希善 등 급진인사들은 '일제의 식민지가 된 마당에 장기적 사업인 독립운동기지건설이나 무관학교 건립을 기다릴 수 없으니 우선 간도와 노령의 교포들로 당장 독립군을 조직하여 국내에 진입할 것'을 주장하기도 했다. 이들이 중국 연대煙臺에서 일제에게 체포되는 바람에 급진적인 독립군 조직 주장은 자연히 소멸되고 말았다.

국내에 남아있던 신민회 일부 간부들은 망명 결정에 따라 처음에는 망명 간부들이 국외의 독립운동기지건설 사업을 담당하고 국내의 간부와 회원은 이들을 지원하면서 국내 사업을 계속하기로 했다. 그런데 1910년 5월 기관지 역할을 하던 『대한매일신보』가 일제 측에 넘어가고, 신민회 인사들의 국내에서 운신이 어렵게 되자 나머지 간부들도 집단적으로 만주 서간도로 망명하여 독립운동기지 건설사업을 수행하기로 결정하였다.

먼저 1910년 9월 초 이동녕·이회영·장유순·이관직 등이 백지장수로 가장하고 남만주 일대에 독립운동기지 후보지를 물색하기 위해 서울을 출발했다. 11월 서간도에서 독립운동기지 선정을 끝내고 돌아온 후 집단망명 계획은 급진전되었다. 12월 중순 양기탁의 집에서 열린 제3차 신민회 간부회의에 양기탁을 비롯하여 안태국安泰國·주진수朱鎭秀·이승훈李昇薰·김구·이동녕·김도희 등이 참석하여 다음과 같은 사항을 결정하였다.

(1) 일제가 서울에 총독부라는 것을 설치하고 전국을 통치하니, 신민회에서도 서울에 비밀리에 도독부를 설치하여 전국을 다스릴 것
(2) 만주에 이민계획을 실시할 것과 무관학교를 설립하고 장교를 양성하여 독립전쟁을 일으킬 것
(3) 이를 준비하기 위해 이동녕을 먼저 만주에 파송하여 토지매수·가옥건축과 기타 일반을 위임할 것
(4) 신민회 각도 대표를 선정하여 15일 이내에 황해도에서 김구가 15만 원, 평남의 안태국이 15만 원, 평북 이승훈이 15만 원, 강원의 주진수가 10만 원, 서울의 양기탁이 20만 원을 모집하여 이동녕의 뒤를 이어 파송할 것

그런데 신민회의 망명계획은 뜻하지 않은 차질이 생겼다. 안중근의 사촌 동생인 안명근安明根이 황해도 안악지방에서 무관학교의 설립자금을 모집하다가 관련인사 160여 명과 함께 일제에 검거되었다. 이를 '안악사건' 혹은 '안명근사건'이라고 한다. 일제는 1911년 1월 안악사건에 연루된 신민회 중앙 간부와 황해도 지회 회원들을 검거하고, 9월에는

법정으로 끌려가는 신민회 회원(105인 사건)

'신민회사건(105인 사건)'을 조작하여 신민회 국내 회원들을 검거하기 시작함으로써 이 계획은 중도에서 커다란 장애에 부딪치게 되었다.

신민회의 독립운동기지건설 계획에 따라 선발대로 떠난 인사들 가운데는 먼저 서울의 이동녕과 이회영 여섯 형제가 있었다. 이회영은 가족회의를 열고 서간도 이주계획을 논의하였다. 이회영은 형제들인 건영·석영·철영·시영·호영이 모인 자리에서 망명계획을 설명하였다.

"지금 한일합병의 괴변으로 인하여 한반도의 산하가 왜적의 것이 되고 말았다. 우리 형제가 당당한 명문 호족으로서 차라리 대의가 있는 곳에 죽을지언정 왜적 치하에서 노예가 되어 생명을 구차히 도모한다면

이는 어찌 짐승과 다르겠는가? 이제 우리 형제는 당연히 생사를 따지지 않고 처자와 노유를 인솔하고 중국으로 망명하여……"

이회영의 결연한 의지에 나머지 형제들이 흔쾌히 응낙하였다. 장남 건영만 조상의 제사 봉양을 위하여 남고 나머지 다섯 형제는 여러 곳에 있는 땅과 누대로 내려온 가옥을 비밀리에 모두 처분했다. 일행 40여 명은 이미 신민회에서 지정한 유하현 삼원포 추가가를 향해 망명길에 올랐다. 1910년 12월 30일 신의주에서 일제의 국경수비대 눈을 피해 새벽에 얼어붙은 압록강

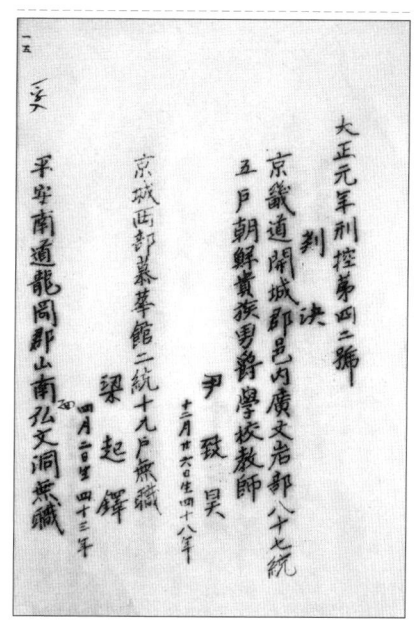

신민회 관계 인사 판결문

을 썰매로 건넜다. 안동현에 도착한 후 7~8일을 마차로 달려 횡도천에 도착하여 그곳에서 한동안 머물렀다. 만주벌판에서 불어오는 '칼바람'은 무척이나 춥기 때문에 휴식을 취해야만 했다. 어느 정도 원기를 외복한 이회영 일가족은 2월 초순 삼원포 추가가에 도착하였다.

선발대로 도착한 이회영 일가 등은 뒤이어 속속 도착하는 이주민들과 함께 한인촌을 건설하였다. 그들은 1911년 4월 봄 교민 자치단체인 '경학사耕學社'를 조직하고, 사관 양성기관으로 '신흥강습소新興講習所'를 창설했다. 신흥강습소는 후에 신흥무관학교로 개칭되었다. 처음부터 신

흥강습소를 무관학교라고 하지 않았던 것은 중국 토착민들의 의혹과 만주 군벌의 탄압을 피하기 위함이었다. 이곳은 신민회가 창건한 최초의 국외 독립운동기지가 되었다.

한편 신민회의 창립에 앞서 일찍부터 독립운동기지건설을 모색했던 인사들로 이상설李相卨을 중심으로 한 이회영·이시영 형제와 이동녕·여준·장유순·이관직 등이 있었다. 이상설은 1904년 6월 일본인이 요구하는 황무지개척권 요구를 반대하는 상소를 올린 바 있다. 황무지개척권은 일제가 최초로 한국의 영토에 대한 야욕을 드러낸 것이라 할 수 있다. 그는 이에 대해 강력하게 반대하고 나서 이를 무산시켰다. 이상설은 을사늑약이 체결되자 여러 차례 반대 상소를 올리고 자결을 꾀하는 등 격렬하게 항거하였다. 후에는 자택에 은거하면서 비밀리에 이회영·이동녕·유완무·장유순·이시영 등과 의논하여 국외망명과 구국운동의 새로운 방략을 계획하였다.

1906년 4월 이상설은 이동녕을 동반하고 비밀리에 상해를 거쳐 블라디보스토크로 갔다. 그곳에서 황달영黃達永·정순만鄭淳萬·김우용金禹鏞·홍창섭洪昌燮 등과 회집하여 함께 북간도지역에서 한인이 가장 많이 거주하는 연길 용정촌에 들어가 서전서숙瑞甸書塾을 열었다. 서전서숙에서는 이상설이 숙장이 되었고 이동녕과 정순만이 학교의 운영을 맡았다. 교원의 월급부터 교재와 학생들의 일체 경비는 이상설이 모두 부담했다. 그는 서울을 떠날 때 국권을 회복하지 못하면 다시 고국 땅을 밟지 않겠다고 결심하여 저동에 있던 집을 팔았으며 그 돈을 독립운동 자금으로 모두 쏟아 부었다.

서전서숙

　서전서숙은 북간도 신교육의 요람 구실을 하였다. 교과목으로 역사·지리는 물론 수학·국제공법·헌법 등의 근대교육을 실시하였다. 서전서숙이 중점을 둔 과목은 무엇보다 반일민족교육이었기에 실제로는 독립군양성소와 다름없었다. 이 학교는 1907년 9~10월경에 자진하여 문을 닫게 되었다. 그 해 4월 3일 이상설이 헤이그특사 파견으로 이동녕·정순만과 함께 블라디보스토크로 떠났기 때문이다. 이어 국내에서 여준을 불러들여 학교 운영 전반을 맡게 하였으나, 이후 재정난과 통감부 간도출장소의 감시와 방해로 서전서숙은 끝내 문을 닫고 말았다.

　서전서숙은 비록 1년여 만에 문을 닫았으나 항일독립운동사상에서 중요한 의미를 갖는다. 서전서숙 출신인 김학연金學淵은 유지인사들의

서전서숙 유적비

협력을 받아 1908년 4월 27일에 화룡현 명동촌에 명동학교를 설립하는데 일조하였다. 서전서숙 설립과 운영에 참여하였던 이동녕과 여조현呂祖鉉(여준)도 명동학교와 서간도지역 대표적 민족주의기관이었던 신흥강습소와 후신인 신흥중학에서 교원으로 활약했다. 서전서숙 갑반 출신이었던 남세극南世極은 나철羅喆·서일徐一·박상환朴商煥 등과 함께 화룡현 삼도구 청파호青波湖에 대종교 북도北道 본사本司와 하동에 남도南道 본사를 세워 종교 활동에 종사하는 한편 풍락동과 청파호 등지에 실업학교를 설립하여 민족교육에도 힘썼다. 그 외에도 시베리아 블라디보스토크의 한민학교, 북만주 밀산부 한흥동韓興洞에 설립한 한민학교 등은 모두 서전서숙의 교육정신을 이어나간 교육기관이었다. 특히 교육 내용도 일반적인 신교육에 그치지 않고 독립군 양성이라는 독립운동의 기본 방략을 충실히 수행하는 것이었다. 후일 유하현 추가가에 신흥무관학교를 세워 민족운동의 인재를 양성해 냈던 것도 이러한 서전서숙의 교육방향을 따른 것이라 볼 수 있다.

이상설은 헤이그특사 이후 영국·미국·프랑스·독일·이탈리아 등을 방문하고 1908년 2월 미국에 건너가서 활동한 적이 있다. 이때 미국에 1년간 머물면서 재미교포를 결속시켜 한인사회 통합운동의 계기를 마련하고 나아가 적극적인 독립운동의 새 국면을 진작시켰다. 그 방안은 근대산업을 진흥시키고, 국민교육에 힘써 신지식을 교육토록 하면서 민족의 군대를 양성하자는 것이었다.

이상설

1909년 2월 미주에서 국민회를 결성한 후 이상설은 정재관을 대동하고 극동에서 독립운동사업을 추진하라는 중책을 맡고 미국을 떠났다. 그는 블라디보스토크에 도착한 후 한인지도자를 규합하여 새로운 해외 독립운동기지를 물색하였다. 원동임야주식회사는 이러한 사정하에 만들어진 회사였다. 북만주와 연해주 일대에서 토지를 구입하고 한인을 집단 이주시켜 장차 독립운동터전을 만들기 위함이었다. 첫 후보지로 선정된 곳이 흥개호 주변의 밀산 봉밀산 일대였다. 그는 성주출신의 유학자 이승희李承熙와 함께 이 사업을 추진하였다. 이승희는 1909년 12월부터 이민단과 함께 봉밀산 아래 독립운동기지로 한흥동을 건설했다.

이상설은 한흥동 뿐만 아니라 흥개호 주변 여러 곳에 이와 같은 한인들의 터전을 만들고자 하였다. 또한 연해주 일대와 서북간도 각지를 한인들이 개척하여 정착하는 것이 독립운동의 기반을 만드는 것으로 생각했다. 이러한 이상설의 한흥동 건설에 호응하여 국내에 있는 신민회에서도 국외의 독립운동기지건설이 곧 독립운동의 당면과제라고 생각하고 이를 추진하게 되었다.

　이상설이 신민회와 어떤 밀접한 연계를 가졌는지는 분명하지 않다. 또한 그가 신민회의 회원이나 간부라는 증거도 명확치 않다. 그러나 이상설은 신민회 간부급 인물들과 오래전부터 절친한 동지였고, 신민회가 설립되기 이전부터 서울 상동교회를 중심으로 하는 민족운동가들과 구국항일운동을 벌였던 적이 있었다. 이러한 활동을 당시 관직에 있던 이상설·민영환·이시영 등이 후원하거나 조정하며 깊은 관계를 맺었을 것으로 추측된다. 그는 헤이그특사 이후 미주에서 활동했을 때도 신민회 결성과 관련된 인사들과 꾸준히 관계를 갖고 민족군대의 양성에 대해 함께 논의했었다. 이상설이 어떠한 형태로든 신민회의 무장투쟁노선과 독립운동기지건설에 깊은 관련이 있었음은 분명하다.

안동 혁신유림들의 집단망명에 동참하다

신민회 간부와 회원들의 독립운동기지 건설사업을 위한 선발대로 1910년 12월 하순부터 1911년 초에 걸쳐 서울의 이회영 여섯 형제가 만주를 향하여 떠난 것은 앞에서 살펴보았다. 김동삼을 비롯한 안동지방의 혁신유림 김대락·이상룡·주진수의 가족 등이 일단이 되어 압록강을 건넌 것도 비슷한 시기였다.

　1910년이 되자 이제 망국亡國은 기정사실이 되었다. 이때 지배층인 양반사대부들 사이에 두 집단이 형성되고 있었다. 하나는 일제에 나라를 팔아먹는 매국賣國의 집단이었고, 다른 하나는 이에 저항하는 애국愛

國의 집단이었다. 물론 이미 대세는 기울었다. 애국의 집단에 처한 사람들도 나라를 지키는 것이 불가능하다는 사실을 알았다. 지금은 형세가 불리하여 나라를 빼앗길 수밖에 없다는 사실을 인정하지 않을 수 없었다. 자신의 몸을 던져 독립운동에 나서면 언젠가는 빼앗긴 나라를 되찾을 수 있다는 믿음이 있을 뿐이다.

그런 믿음으로 먼저 이회영 여섯 형제가 일가 40여 명을 이끌고 얼어붙은 압록강을 건넜다. 당시 압록강과 두만강 국경지대는 일제의 감시가 삼엄해 쉽게 오갈 수 없었다. 강을 넘어 만주로 들어간 한인들은 무장한 독립군으로 변하여 강을 넘어와 일본군을 공격하였기 때문이다. 이회영의 부인 이은숙은 『서간도시종기』에서 국경을 넘던 당시 모습을 생생하게 묘사했다.

팔도에 있는 동지들에게 연락하여 1차로 가는 분들을 차차로 보냈다. 신의주에 연락기관을 정하여, 타인 보기에는 주막으로 행인에게 밥도 팔고 술도 팔았다. 우리 동지는 서울서 오전 여덟 시에 떠나서 오후 아홉 시에 신의주에 도착, 그 집에 몇 시간 머물다가 압록강을 건넜다. 국경이라 경찰의 경비가 철통같이 엄숙하지만, 새벽 세 시쯤은 안심하는 때다. 중국 노동자가 얼어붙은 강에서 사람을 태워가는 썰매를 타면 약 두 시간 만에 안동현에 도착한다.

안동에서 다시 마차 10여 대에 나누어 타고 500리 횡도천을 7~8일 만에 도착했다. 이은숙은 이때의 모습도 기록하였다.

갈수록 첩첩산중에 천봉만학은 하늘에 닿을 것 같고, 기암괴석 봉봉의 칼날 같은 사이에 쌓이고 쌓인 백설이 은세계를 이루었다. 험준한 준령이 아니면 강판 얼음이 바위같이 깔린 데를 마차가 어찌나 기차같이 빠른지, 그 중에 채찍을 치면 더욱 화살같이 간다.

고국을 등지고 북으로 북으로 향하는 망명객에게 만주의 겨울 칼바람은 견디기 힘든 고통이었다. 이들이 도착한 곳은 미리 물색해 두었던 독립운동기지 유하현 삼원포 추가가였다.

망명을 떠나기에 앞서 여섯 형제는 남종여비들을 모두 해방시키고 모든 가산을 정리했다. 가산을 정리해 마련한 자금은 약 40만 원이었다. 지금의 가치로 환산한다면 600억 원이 넘는 거금이다. 특히 둘째 이석영이 영의정 이유원의 양자가 되어 물려받은 막대한 재산을 아낌없이 내어 놓았다. 이회영 여섯 형제의 집단 망명 소식을 듣고 월남月南 이상재李商在는 이렇게 평했다.

"동서 역사상 나라가 망한 때 나라를 떠난 충신 의사가 수백, 수천에 그치지 않는다. 그러나 우당 일가족처럼 여섯 형제와 가족 40여 명이 한마음으로 결의하고 나라를 떠난 일은 전무후무한 것이다. 장하다! 우당의 형제는 참으로 그 형에 그 아우라 할만하다. 여섯 형제의 절의는 참으로 백세청풍이 될 것이니 우리 동포의 가장 좋은 모범이 되리라."

신민회의 망명계획이 논의될 때 안동지역에서도 이미 집단망명 계획을 준비하고 있었다. 망명을 위해서는 치밀한 사전 조사가 필요했다. 준비해야 할 일도 너무 많았다. 먼저 조상 대대로 물려받은 재산을 처분하는 일이었다. 몰래 토지를 처분한다는 것이 생각보다 쉽지 않았다. 무엇보다 그들이 망명을 결정할 때 힘들었던 것은 그동안 누려온 기득권을 포기해야 하는 현실적인 문제였다. 이들은 안동지역의 명망 있는 유림들로 사회적인 지도자였다. 재산도 넉넉하여 안동에서 계속 살아가더라도 무엇 하나 부러울 것 없었다. 이러한 점을 과감히 정리하고 망명의 길에 오른 사실만으로도 대단한 결단이 아닐 수 없다.

이를 위해 신민회 인사들과는 별도로 남만주지역에 대한 사전 조사가 필요했다. 사전 조사에는 김동삼과 김만식이 선발되었다. 김만식은 김대락의 동생 김효락의 맏아들로 김동삼과는 가까운 집안 형제가 된다. 이들이 만주를 다녀온 것은 1910년 가을이었다.

안동지역 인사들은 협동학교와 대한협회 안동지회를 중심으로 망명계획을 논의하였다. 김대락·류인식·김동삼 등은 이 문제를 논의한 결과, 망명을 떠날 사람과 남아서 사업을 지원할 사람으로 역할을 분담했다. 이것은 신민회 인사들의 망명 계획과 같았다. 협동학교는 류동태가 안동에 남아 학교 운영을 이어가기로 하였다.

그때 신민회에서 안동으로 보낸 주진수가 울진 평해의 황만영黃萬英과 함께 신민회의 만주 망명계획을 알려왔다. 망명을 준비하던 안동 인사들은 즉각 출발을 결행하였다. 안동지역 집단망명의 선발대로 나선 사람은 김형식金衡植과 이원일李源一이었다. 김형식은 김대락의 둘째 아들이고, 이원일은 진성 이씨로 퇴계 이황의 후손이다. 이원일은 협동학교를 졸업했으니 김동삼의 제자뻘이기도 하다. 그는 처가가 내앞마을의 의성 김씨여서 이곳을 자주 출입하였다. 후일 만주에서 이원일의 딸 이해동이 김동삼의 맏아들 김정묵과 혼인하면서 이원일은 김동삼과 사돈관계가 되었다.

김형식과 이원일이 만주에서 망명지를 살펴보고 돌아온 후 김대락과 이상룡의 집안사람들이 길을 떠났다. 안동에서 김천까지는 걸었다. 김천에서 기차를 타고 서울을 거쳐 신의주에 도착한 뒤 선발대의 연락을 기다려 얼어붙은 압록강을 썰매로 건너가게 되었다.

김대락은 이때의 망명 행로를 『서종록西從錄』에 아주 꼼꼼하게 기록하였다. 그는 1910년 12월 24일 안동을 떠나 일주일 남짓 걸려 추풍령에 도착했다. 기차로 서울에 도착하여 잠시 머물던 김대락은 1911년 1월 6일 남대문역을 떠나 의주 백마역에 이르렀다. 백마역에서 신의주로 이동한 후 얼어붙은 압록강을 건넜다. 만주땅 안동에서 마차를 타고 1월 15일 600리 길인 회인현(환인현) 횡도천에 도착했다. 며칠 후 이상룡도 횡도촌에 도착했다. 김대락은 횡도촌에서 한겨울을 보내고 1911년 4월 19일 유하현 삼원포에 도착하였다. 일행은 이도구에 거주지를 마련하고 마지막 짐을 풀었다.

내앞마을 의성 김씨 망명객은 모두 150여 명이었다. 김대락을 비롯하여 김형식·김동삼·김정묵·김병달·김규식·김병만·김장식·김정식·김성로·김병대 등이 바로 그들이다. 김대락은 망명할 당시 이미 66세의 노인이었다. 게다가 만삭의 임산부인 손녀와 손부들까지 대동하고 추운 엄동설한에 길을 떠났다. 그는 망명 도중에 증손자와 외증손자를 보게 되었는데 일제에게 빼앗긴 땅에서 해산하지 않아 통쾌해 했다. 두 증손자의 아명을 중국에서 낳았다고 하여 '쾌당快唐', 고구려 주몽의

땅에서 낳았다고 하여 '기몽麒夢'이라고 했다. 망국의 땅에서는 증손자도 낳을 수 없다는 서릿발 같은 정신이 그를 혹한의 추운 만주로 발길을 재촉케 하였던 것이다.

김대락은 서간도 망명사회의 최고령자이자 최고 원로였다. 후일 추가가에서 경학사가 만들어졌을 때 그는 수장首長 자리에 추대되었으나 늙었다는 이유로 사양하며 뒤에서 돕겠다고 말했다. 이런 원로는 이주 한인사회에 존재하는 것만으로도 젊은 사람들에게 힘이 되는 법이다. 그는 경학사 조직을 지도하고 신흥무관학교 학생들에게 「권유문」을 지어주는 등 격려를 아끼지 않았다.

이상룡이 안동을 떠난 것은 김대락 가족이 떠난 직후인 1911년 1월 6일이었다. 행로는 김대락과 마찬가지로 걸어서 추풍령역에 도착한 후 열차로 서울에 도착했다. 망명에 앞서 이상룡은 자신의 망명기록인 『서사록』에서 이때 감회를 비교적 담담하게 기록하였다.

> 1910년 가을에 이르러 나라 일이 마침내 그릇되었다. 이 7척 단신을 돌아보니, 다시 도모할 만한 일이 없는데, 아직 결행하지 못한 것은 다만 한 번의 죽음일 뿐이다. 어떤 경우에도 '바른 길을 택한다'는 것은 예로부터 우리 유가儒家에서 날마다 외다시피해온 말이다. 그렇다면 마음에 연연한 바가 있어서 결단하지 못한 것이 아니며, 마음에 두려운 바가 있어서 결정하지 못한 것이 아니다. 다만 대장부의 철석과 같은 의지로써 정녕 백 번 꺾이더라도 굽히지 않는 태도가 필요할 뿐이다. 어찌 속수무책의 희망 없는 귀신이 될 수 있겠는가?

이상룡은 속수무책의 자정自靖의 길보다 망명의 길을 택하기로 했다. 아들 준형은「선부군유사」에서 망명 직전을 이렇게 말했다.

"신정新正에 오락 기구를 마련하여 여러 일족들을 불러 하루 통쾌하게 놀고, 이어서「거국음去國吟」율시 한 수를 읊었다."

이때 이상룡은 이미 돌아올 기약 없는 길을 떠난다고 작정했다. 그는 망명을 떠나기 전 가사를 정리하고 노비안을 불태워 가노비들을 해방하는 등 양민으로 만들어 주었다. 1911년 정월 5일 이른 새벽 이상룡은 가묘에 하직하고 지체 없이 길을 떠났다. 도중에 김만식이 서울에서 내려와 만주에서 독립운동을 벌이려는 것이 일본정부에 탐지되어 김도희와 주진수가 체포되었다고 알려왔다. 주변에서는 만주로 가는 일을 다시 생각해보라고 말했으나, 위험하다고 해서 이미 떠난 길을 스스로 중지할 수는 없다며 갈 길을 재촉하였다.

서울에 도착한 이상룡은 양기탁 등과 만나 망명 이후 여러 문제들을 상의하고 뒤이어 합류한 가족들과 함께 기차로 신의주에 도착했다. 그곳에서 기별을 기다리다가 1월 27일 얼어붙은 압록강을 건넜다. 이때 동생 이봉희를 비롯하여 아들 준형과 손자 병화, 조카 문형 등 고성 이씨 30여 가구도 그를 따랐다. 1910년 말부터 시작된 집단망명으로 안동을 떠난 사람은 줄잡아 100여 가구에 1,000여 명이 넘는 많은 숫자였다. 조선총독부 경북경찰부가 1934년 펴낸『고등경찰요사』에는 1911년에 2,500여 명이 이주했다고 파악했다.

이상룡은 바람이 살을 에는 듯한데 고개를 돌려 고국을 보니, 돌아올 기약이 묘연하여 비분한 심정으로 시를 지었다.

칼날보다 날카로운 삭풍이

차갑게 내 살을 도려내네

살 도려지는 건 참을 수 있지만

창자 끊어지는데 어찌 슬프지 않으랴

기름진 옥토 삼천리 이천만 백성

즐거웠던 부모의 나라였건만

지금은 누가 차지했는가

이미 내 땅과 집 빼앗아가고

다시 내 처자 해하려 하니

이 머리는 차라리 자를 수 있지만

이 무릎을 꿇어 종이 될 수는 없도다

집을 나선지 한 달 채 못 되었건만

이미 압록강을 건너는 도다

누구를 위해 머뭇거릴 것인가

호연히 나는 가리라

신의주에서 압록강을 건너면 곧바로 중국 안동현이다. 일본군에 잡히지 않고 무사히 건넜다는 사실이 이상룡을 비롯한 일행에게 새삼 기적 같은 순간이었다. 그곳 어느 서점에서 이상룡은 『만주지리지』한 권을 구입했다. 낯선 곳에서 빨리 적응하는 방안 중 하나는 현지 지형을 제대로 파악하는 문제였다. 이어 마차 두 대를 사서 울퉁불퉁한 만주의 얼어붙은 길을 달렸다. 압록강 건너편에서 우리나라 국경을 바라보니 수백 리에 걸쳐 일본 경찰이 100보마다 한 군데씩 초소를 설치하였다. 강을 건너는 사람들에 대한 경계와 검문은 아주 엄격했다.

먹을거리 문제도 큰 시련이었다. 지나는 길마다 밥은 사 먹을 수 없고 밀가루로 싼 기장떡에 좁쌀로 만든 만두가 고작이었다. 입맛에 맞을 리가 없었다. 아이들은 며칠 동안 굶다 못해 병이 날 지경이었다. 좁쌀을 두어 되 산 뒤, 솥을 빌려 밥을 지어먹어 겨우 허기를 달랬다.

연일 눈바람이 사납게 불어 수레 안의 사람들은 모두 담요를 깔고 가지고 간 솜이불을 둘러썼다. 3~4일을 달려도 눈에 띄는 것은 말·소·양·돼지·개 등 동물들 밖에 없었다. 사람은 그림자조차 찾아보기 힘들었다. 7일 만에야 겨우 회인현 횡도천(항도천)에 도착했다. 먼저 이곳에 도착해 살고 있던 김형식·황도영·이명세 등이 이상룡 일행을 찾아왔다. 그들이 운영하는 학교 한 칸을 빌려 가족들은 겨우 잠시나마 머물 수 있었다.

며칠 후 이상룡은 아들 이준형과 김형식·조재기·임석호를 유하현으로 보내 땅과 집을 구하게 하였다. 그러나 그들은 출발한 지 얼마 되지 않아 중도에 돌아올 수밖에 없었다. "외지 사람들이 우물에 독을 풀었다"는 잘못된 소문이 민간에 퍼졌기 때문이다. 이 소문으로 중국 군인들은 유하현 40리 지역의 출입을 철저하게 통제하였다. 그는 할 수 없이 거처도 정하지 못한 채 횡도천에 머물며 독서에 전념하였다.『숙신사』·『부여사』·『고구려사』·『발해사』 등 국내 역사서적은 물론 토머스 홉스·스피노자 같은 서양학자들의 글을 읽으며 유하현으로 떠날 날만 기다렸다. 이상룡은 낯선 이국땅 만주에서 거처할 곳도 없는 신세가 된 자신의 심경을 「서사록」에 적었다.

생각하건대 내가 50년 동안 너른 집 깊은 처마의 훌륭한 거처에 살다가 하루아침에 집을 나서서 문득 집 없는 나그네 신세가 되고 보니, 사람의 한 생애가 대부분 허깨비임을 참으로 깨닫겠다.

횡도천에 망명한 또 다른 인사는 이건승李建昇·홍승헌洪承憲·정원하鄭元夏 등 강화학파의 후예들이었다. 이들은 1910년 12월 초 이곳에 정착하였다. 이곳에서 학문에 전력하면서 농사짓고 약을 지어 팔면서 은거 생활을 했다. 이때 전군수 안효제와 전시강前侍講 노상익 등도 망명하여 같이 교유하였다.

이건승 등은 횡도천에서 5년을 지냈다. 일본 순사가 시도 때도 없이 찾아와 민단民團에 가입하라고 강요했으나 단호하게 물리쳤다. 게다가 일제의 호적에 이름을 올리지 않아서 이웃 중국인들은 그를 '호적 없는 이씨 늙은이'라고 불렀다.

풍토병으로 가장 먼저 희생된 사람은 홍승헌이었다. 1914년 6월경 병이 깊어 사경을 헤매자 임종만은 고향에서 지내야겠다는 생각에 의식이 없는 그를 들것에 실어 압록강이 바라보이는 안동현까지 모셨다. 끝내 압록강을 건너지 못하고 1914년 8월 10일 예순한 살의 나이로 세상을 떠났다. 소식을 듣고 상주가 달려왔으나 이미 충북 진천의 세거지는 남의 손에 넘어간 뒤였고 관 하나 살 돈조차 없었다. 승지와 이조참판을 지낸 한 지사의 시신이 거적에 싸여 있는 것을 안타깝게 여긴 교포들이 의연금을 모아 입관하고 고향 진천으로 겨우 반장返葬할 수 있었다. 망명객들은 이렇게 한 사람씩 낯선 만주에서 유명을 달리하였다.

이들보다 뒤늦게 안동을 떠난 이원일 일가도 추운 겨울 혹독한 고생을 하게 되었다. 일행이 안동을 떠난 시기를 김희곤은 『만주벌 호랑이 김동삼』에서 1915년 무렵으로 추정하였다. 이원일의 딸이며 나중에 김동삼의 며느리가 되는 이해동 여사는 회고록에서 추운 엄동설한에 만주로 떠나는 정황을 꼼꼼하게 기록했다. 이해동이 고향을 떠날 때는 10살 남짓한 어린 나이였다.

고향에서는 두꺼운 솜옷을 모르고 살던 우리가 몸에 입은 홑가지 몇 겹으로는 도저히 그런 추위를 막아낼 수 없었다. 아랫니와 윗니가 연방 방아질을 하였고, 손발은 얼어서 제 감각을 잃었다. 고향을 떠나 만주 벌판에서 추위와 싸우는 것으로부터 첫 고생이 시작되었다. 여북하면 조모께서는 '고놈의 날씨, 왜놈보다 더 독하다' 했겠는가. …… 처음 마차를 타 보니 호사스러웠지만 후에는 덜커덕거리는 게 엉덩이가 하도 아파서 싫증이 나기도 했다. 그보다 하루 종일 마차에 앉아 있자니 겉보다 속이 더 얼어들어서 견디기가 어려웠다. 우리는 가지고 온 이불을 깔고 덮어쓰고 하였지만 처음 겪은 만주 추위는 참으로 견디기 어려웠다.

한편 사전 조사를 위해 만주를 다녀온 김동삼은 김형식·이원일과 함께 선발대로 떠났는지, 아니면 1911년 3월 30일 열린 협동학교 제1회 졸업식을 마치고 떠났는지 정확치가 않다. 협동학교 제1회 졸업사진에

협동학교 졸업기념(1911)

김동삼이 있는 것을 보면 졸업식에 참석한 직후 바로 망명한 것으로 보인다.

김동삼의 며느리 이해동이 남긴 수기 『만주생활 77년』에 의하면, 그는 가족 대신 안동지역의 청년 20여 명을 데리고 만주로 떠났다고 한다. 일단 망명지에 자리를 확보한 뒤에 가족을 옮길 계획임을 엿볼 수 있는 대목이다. 출발에 앞서 가지고 있던 토지는 거의 처분한 것으로 보인다. 어머니와 아내 그리고 딸과 맏아들 정묵 등 가족들은 뒤로 떨어진 동생 김동만에게 돌봐줄 것을 부탁했다.

김동삼이 떠난 후 둘째 아들 용묵이 태어났다. 김동삼의 첫째 부인은 딸을 하나 낳은 뒤 곧 숨졌다. 두 번째 부인이 낳은 큰아들이 정묵으로 1905년생이고, 둘째 아들 용묵은 1912년생이다. 그가 만주로 떠난 뒤 나머지 가족들은 1915년 무렵 동생 김동만의 인솔하에 만주로 들어갔다.

첫 망명지, 유하현 삼원포로 가다

안동의 혁신유림인 김대락·이상룡·김동삼 등이 망명한 유하현 삼원포는 당시의 동포들이 서간도지역이라 부르는 곳이었다. 그곳은 북간도·연해주 일대와 더불어 한인독립운동의 중심지였다. 1910년을 전후하여 많은 애국지사들이 그 일대로 망명하여 독립운동기지를 건설하는 가운데 독립운동의 주요 근거지로 부각되었다. 그곳에는 이미 1860년대 이래 많은 한인들이 이주하여 한인촌을 형성하고 있었다. 특히 지리적으로도 압록강만 건너면 언제든지 국내로 진입할 수 있는 위치였다. 한인사회는 이와 같은 지리적인 위치와 주위 환경 등을 고려하여 건설되었다.

서간도의 지리적 범위는 백두산 서쪽, 압록강 대안의 혼강 일대를 중심으로 송화강 중·상류지역인 집안·통화·유하·회인(환인)·관전·임강·장백·무송·안도·흥경·해룡 등을 말한다. 이 지역은 원래 두만강 대안인 북간도와 대치되는 서간도라고 불렸다. 1920년대 초반부터 남만지역이라고도 통칭되었던 곳이었다.

그곳의 이주한인 역사는 1860년대부터 시작되었다. 1861년 혼강 유역의 벌목작업에 참여한 한인 중 일부는 현지 땅이 비옥한 것을 보고 농업으로 전향하여 그곳에 마을을 형성했다. 만주지역으로 본격적인 한인이주가 시작되는 단초였다. 이후 간헐적인 이주가 있었다. 그러다가 1869년에서 1870년에 걸쳐 북한지방에 대흉년이 들면서 한인들이 집단으로 이주하였던 것은 북간도와 같은 사정이었다.

서간도일대에 한인 이주자가 늘어나자 이주민의 보호를 위해 행정기관의 설치가 필요하게 되었다. 1891년 평안도관찰사는 조선정부의 지시를 받지 않은 채 압록강 대안인 그 지역에 28개 면을 설치한 후 이를 강계·초산·자성·후창의 4개 군에 귀속시켜 관리하였다. 다음해 다시 행정구역을 통폐합하여 강계군에 11개 면, 자성군에 4개 면, 벽동군에 2개 면, 초산군에 7개 면을 소속시켜 모두 24개 면으로 나누었다. 이후 정부는 서상무徐相懋를 서변계관리사로 임명하여 서간도에 거주하는 한인의 모든 행정사무를 통괄하게 하였다. 이때 서간도에 거주하는 한인의 호수는 8,722호에 이르고 인구는 37,000명에 달했다. 1903년에는 면의 구획과 인구의 수가 32개 면, 45,600명으로 급증하였다.

1900년 평안북도관찰사 이도재李道宰는 이주민을 보호하기 쉽게 민적을 편성하여 호세를 징수하는 한편, 자체 방어를 위한 민병조직으로 충의사忠義社를 조직하는 등 이주한인들을 관리하였다. 이어 1902년 남만 집안輯安에 향약소를 설치하고 의정부 참찬 이용태李容泰를 향약장으로, 서상무를 부향약장으로 임명했다. 향약소는 1909년 일제가 간도협약을 체결한 후 폐쇄되었다.

이주민의 출신지는 지리적 여건에 따라 평안도가 가장 많고, 다음으로 경상도·강원도·함경도·경기도 순이었다. 서간도 이주경로는 주로 혜산진(장백현 대안)·중강진(임강현 대안)·고산진(집안현 대안)에서 배로 압록강을 건너가거나 경의선·안봉선 철도를 이용하여 강을 건너는 두 가지였다. 1921년 통계에 의하면 서간도 이주한인의 90% 정도가 농업에 종사하였다. 이들 중 70% 이상은 소작농으로 경제적인 상태는 매우 불안정한 상황이었다.

현규환은 『한국유이민사』에서 당시 만주 이주한인의 실태를 다음과 같이 서술하였다.

한인 이주민은 대부분이 대개 겨울철에 만주로 이주한다. 그것은 농작물이 성장할 시기에는 죽을 먹더라도 국내에서 생계를 유지할 수 있기 때문이다. 늦은 가을에 그들은 자신의 몫으로 얼마 안 되는 수확물과 모든 가재도구를 팔아 여비로 삼아 이주의 행렬에 끼어든다. 때문에 만주에 도착할 때 한인의 80~90%는 빈손이 되어 먼저 이주하여 온 동포들의 집단에서 기생적으로 생활하거나 또는 생활의 대가로 이듬해부터 중국인 지주가 명하는 무엇이든 하겠다는 계약 하에 그들이 주는 음식과 거처할 곳을 우선 얻게 된다. 그 때문에 그들의 생활은 첫해에 거의 노예생활수준으로 떨어지게 된다.

국내에서 궁핍한 생활을 견디기 어려워 이국땅으로 이주한 서간도지역의 한인 이주민들은 곤궁한 상태에서 벗어나지 못했다. 중국 당국은 이들에게 토지와 가옥의 소유권을 인정하지 않았다. 이주한인은 생명을 부지하기 위하여 부득이 중국인 지주의 소작농이 될 수밖에 없었다. 나라 잃은 망국노는 어디에서나 버림받은 존재나 마찬가지였다.

서간도지역 한인들은 중국 관공서로부터도 중국인에 비해 훨씬 많은 세금을 강요당했다. 가축세·도살세·부동산세·연통세·문턱세·관아 출입세·비적 토벌세·보안대비·문패비·차량세·순경비·자위단비·옥졸비·향갑비·식염세·곡물매매세·말세·토산물세·피고용세·이주세·결혼세·입학졸업세·수리세·입적비 등 이루 열거할 수 없는 각종 세금을 납부해야만 했다. 그중 피고용세·이주세·수리비·입적비 등은 한인들에게만 부과된 특별 세금이었다. 세금을 거부할 경우에는 경작권마저 빼앗는 비참한 지경에 이르렀다.

서간도지역이 독립운동기지로 유리했던 배경은 무엇보다 재만한인사회이다. 남만지역은 북간도지역에 비하여 한인수가 적고 토지소유권도 없었지만 반면 일제의 세력이 깊이 미치지 못했다. 또한 가경可耕 황무지가 많고 토질도 비교적 풍요하여 독립운동을 실행할 수 있는 인적·물적 기반을 어느 정도 갖추고 있었다.

한편 남만지역의 이주한인들은 경제적으로는 빈곤했지만, 이들 대부분이 일제수탈에 밀려 고향을 등지고 만주로 이주한 사람들이기에 반일감정은 어느 곳보다 철저했다. 만주에 이주한 후 이들은 여전히 일제의 압박과 통제를 받았다. 또한 사실의 진상을 알지 못하는 일부 중국인들로부터 '일제의 만주침략의 선봉'이라는 오해를 받는 경우도 적지 않았다. 그런 만큼 일제에 대한 적개심이 국내에 있을 때보다 전혀 반감되지 않는 분위기였다. 물론 선착한 이주민들은 일제의 수탈과는 관계가 없었

김창환

지만, 그들 역시 망국노라는 비분을 같이 하는 점에는 다를 것이 없었다.

　김동삼이나 김대락·이상룡 등 안동사람들이 정착한 곳은 남만주 유하현 삼원포 대고산 자락이었다. 추가가와 이도구 마을 일대, 그리고 남쪽으로 십여 리 떨어진 만리구 일대였다. 만주에 도착한 김동삼 형제는 모두 이름을 바꾸었다. 김긍식은 김동삼, 김찬식은 김동만으로 각각 개명하였다. 이들이 망명한 만주가 중국 동삼성이란 데서 '삼'을, 만주라는 데서 '만'을 딴 것이라고 한다.

경학사와 신흥학교를 세우다

　신민회의 독립운동기지건설 방침에 따라 유하현 삼원포지역에는 많은 망명집단이 모여들었다. 이회영 여섯 형제를 비롯하여 이동녕·김창환·주진수, 그리고 안동 혁신유림을 대표하는 김대락·이상룡·김동삼이 그들이었다.

　유하현 삼원포지역은 제천의병장 유인석이 1896년 즈음 의병의 재기를 위한 기지로 생각하고 은거하였던 통화현 오도구와는 불과 15km밖에 떨어지지 않았다. 삼원포 추가가는 시내에서 5km 정도 떨어진 대고산 아래 마을이었다. 마을 앞으로는 평지가 펼쳐져 있고 뒤로는 야산지대가 이어져 독립운동 근거지로 좋은 조건을 두루 갖추고 있었던 셈이다. 현재 이 마을에는 약간의 조선족이 살고 있는데, 이들은 한결같이 삼원포 일대 추가가를 중심으로 전개되었던 항일투쟁 사실과 대고산이 당시 비밀회의 장소였음을 증언하고 있다. 이은숙은 추가가의 정황을 회고록에서 다음과 같이 서술하였다.

> 유하현은 횡도천으로부터 600여 리 되는데 2월 초순에 도착하였다. 추지가鄒之街라는 데는 추가鄒哥 성을 가진 사람들이 여러 대를 살아서 그 곳 지명이 추지가라 한다. 그곳에서 3칸 방을 얻어 두 집 권속이 머물렀다. 이곳은 첩첩산중으로 농사는 옥수수·좁쌀·콩 등속이고, 쌀은 2~3백 리 나가야 살 수 있는데 제사 때가 되어야 쌀밥을 짓는다. 어찌나 쌀이 귀한지 아이들이 저희들끼리 이름 짓기를 '좋다밥'이라 하였다.

추가가에 이회영 일가 40여 명이 도착하자 현지 중국인들은 조선인들이 일본과 합하여 중국을 치러 왔다고 오해할 정도였다. 이들은 유하현에 고발하는 등 웃지 못 할 일이 벌어지기도 했다.

"지금까지는 조선인이 왔어도 남부여대로 산전박토나 일궈 감자나 심어 연명하며 근근이 부지하였다. 그런데 이번에 온 조선인은 살림차가 수십 대씩 짐차로 군기를 얼마씩 실어오니 필경 일본과 합하여 우리 중국을 치려고 온 게 분명하니 빨리 꺼우리高麗人을 몰아내 주시오."

중국인의 고발에 따라 중국 군인들과 경찰 300명이 마을에 들이닥쳐 이주민의 집을 일일이 조사하고 '너희 나라로 도로 나가라!'라는 협박도 있었다. 중국 관헌들은 한국인들이 병장기를 소유하고 있지 않음을 알

원세개

고 거주를 겨우 허락하였다. 그러나 끝내 한국인들에게 토지는 팔지 못하게 했다. 토지를 구입하지 못하면 당장 농사짓기가 어려울 뿐만 아니라 독립운동기지를 건설하려는 모든 사업도 수포로 돌아갈 수밖에 없는 절박한 상황에 직면했다.

토지구입 문제를 해결하기 위해 이회영은 이상룡의 아우 이봉희와 함께 봉천으로 갔다. 동삼성 독군이던 조이풍은 면담조차 거절하였다. 이회영 일행은 다시 북경으로 갔다. 마침 원세개袁世凱가 대총통으로 있었을 때였다. 이회영과 원세개는 구면이었다. 원세개가 조선에 주둔했었을 때, 이회영의 아버지인 이유승과 친교가 있었기 때문이다. 원세개는 이회영의 뜻에 찬동하고 비서인 호명신을 대동시켜 동삼성 독군에게 보내는 서신을 휴대케 하였다. 조이풍은 원세개의 편지를 받고 자신의 비서인 조세웅에게 유하현으로 가서 원세개의 지시대로 협조하도록 하였다.

원세개와 관계가 알려지면서 지방 관리나 주민들의 태도도 크게 달라졌다. 한국에서 집단 이주한 망명객들은 만주에서 신변의 보호는 받을 수 있게 되었으나 법적 지위는 확보하지 못했다. 1913년 봉천성 의회에서 재만한국인에 대한 경제제재조치의 일환으로 한국인의 토지소유를 제한하는 토지전매조차금지법이 가결되었기 때문이다. 이에 대해 이상룡 등이 유하현 지사 등에게 수차례 진정서를 제출하기도 하였다.

유하현에 정착한 망명지사들은 항일운동의 방략을 세우는 동시에 재만한인의 교육·산업·권리문제 등의 해결에 고심하였다. 이들은 1911년 4월 유하현 삼원포의 대고산에서 300여 명이 참석한 가운데 노천 군중대회를 개최했다. 대고산에서 노천회의를 개최한 것은 일본 정탐의 경계가 심하고 위기를 헤아리기 어려웠기 때문이었다. 노천에서 개최된 군중대회는 이동녕을 임시의장으로 선출하고 다음과 같은 5개 항을 즉석에서 의결하였다.

첫째, 민단적 자치기관의 성격을 띤 경학사를 조직할 것
둘째, 전통적인 도의에 입각한 질서와 풍기를 확립할 것
셋째, 계농階農주의에 입각한 생계방도를 세울 것
넷째, 학교를 설립하여 주경야독의 신념을 고취할 것
다섯째, 기성군인과 군관을 재훈련하여 기간장교로 삼고 애국청년을 수용하여 국가의 동량인재를 육성할 것

이러한 결의에 따라 조직된 경학사는 내무·농무·재무·교무의 4개 부서를 두었다. 사장에는 이상룡이 추대되었고, 내무부장에 이회영, 농무부장에 장유순, 재무부장에 이동녕, 교무부장에 류인식이 각각 선임되었다. 『만주벌 호랑이 김동삼』에서는 이때 김동삼이 조직과 선전을 맡았다고 기록하였다.

한편 신흥무관학교 출신으로 백서농장에도 참여하였던 허식(허영백)은 「서간도 사정」에서 초기 이주민들의 모습을 생생하게 남겼다.

「경학사취지서」

국내에서 도만渡滿한 인사들이 환인·통화 등지에 분산하여 정착하였다. 유하현에도 제2구 삼원포를 중심으로 추가가·위당구·삼도구·사도구·오도구·대우구·대화사·하서·남산·마록구·영춘원·성창구·소통구·능강 등지에 5리, 10리 혹은 20~30리 거리를 두고 이웃이 되어 짐을 풀고 농사를 시작하였다. 중국인들은 처음 보는 사람들이라 모두 희한히 대해주면서 관청에서도 묵인하여 아무 간섭 없이 지나게 되었다.

서툰 말과 필담으로 의사를 통하는 민간외교가 시작되어 새로 마련된 토지임차법에 따른 토지 임차로 황무지를 개간하는데 8년을 무상으로 하고 가옥도 무상, 종자와 양곡은 무이자로 추수 후에 갚게 하였다. 뿐만 아니라 소금·담배 등도 추수 후에 갚게 하고 연자 맷돌 사용도 무상으로 하였다. 그들이 경작하던 밭의 경우 하루갈이每日耕 당 연 1되 2~3승의 비율로 도지賭地를 주기로 계약이 체결됨에 따라 후에 도착한 사람들도 모두 이 사례에 따라 밭을 얻어 경작하게 되니 농촌 생활이 점차 안정되어 갔다. …… 먼저 도착한 사람들이 처음 도착하는 부녀자들에게 채소와

산야초 등 독성이 없는 풀뿌리를 채집하는 요령과 옥수수밥, 수수밥 짓는 요령, 또는 수토병의 예방과 치료법 등 생활 전반에 걸친 주의 사항들을 친절하게 가르쳐 주었다.

환인·통화·유하현 등지에 이주한 한인들은 각지로 분산·거주하면서 마을을 형성하였다. 서툰 말과 글로 이루어진 의사소통은 상호간 이해와 신뢰감을 구축하는 요인이었다. 황무지 개간은 8년간 세금을 부과하지 않는 동시에 가옥과 종자·양곡 등을 무이자로 제공하였다. 이는 이주한인의 경제력 향상에 크게 이바지했다.

한편 이상룡은 「경학사취지서」를 통해 독립운동의 방략을 대외에 천명하였다. 여기에서 그는 자못 비장한 심정을 그대로 토로하고 있다.

아아! 사랑할 것은 한국이요. 슬픈 것은 한민족이구나. 피어린 역사 4천 년 동안 예의와 제도를 모두 갖추었고, 기름진 땅 삼천리에는 동식물과 광산물이 풍요하였다.
…… 그런데 어찌나 백년의 취한 잠이 깊었던지 서양의 팽창한 때를 만나서 대포와 탄환이 날마다 서까래를 쳐부숴도 이를 못 듣고, 철함鐵艦과 전차가 문밖에 서로 달려도 못 본 체하다가, 끝내 갑자기 맹호가 이빨을 뒤에서 갈고 굶주린 독수리가 앞에서 할퀴게 되었구나. …… 앞길이 너무 멀다고 근심하지 말 것이다. 한 걸음이 끝내는 만 리 길을 가게 되는 것이다. 규모가 이제 만들어짐을 슬퍼하지 말 것이니, 삼태기의 흙이 쌓이고 쌓여 태산이 되는 것이다. …… 사랑할 것은 한국이요, 슬픈 것은

윤기섭

한민족이로구나. 솥에 끓고 있는 물고기는 아무리 울어도 무슨 희망이 있겠으며, 화롯불 속의 제비는 아무리 외친들 얼마나 시간이 있으리오. 아! 우리 집단을 지키는 것은 곧 우리 민족을 지키는 것이오. 우리 경학사를 사랑하는 것은 곧 우리 국가를 사랑하는 것이라. 아! 기러기 떼 지어 날고 서풍은 날을 재촉하는 듯하지만, 그러나 금계金鷄가 한번 울어 대면 곧 동천이 밝아올 것이다.

경학사에서는 한편으로 청년들에게 군사교육을 실시하기 위해 신흥강습소를 설립하였다. 신흥강습소의 '신흥'이란 명칭은 신민회의 정신을 계승하는 의미의 '신新'자와 흥왕된 독립운동 기구가 되어야 한다는 '흥興'자의 뜻이니 신민회에서 목적한 무관학교의 전신으로서 의미가 있다고 할 수 있다. 신흥강습소의 초대 교장은 이동녕이 맡았으며, 교감 김달, 학감 윤기섭이 선임되었다. 그 외에 교사는 김무칠·이갑수·장도순, 교관은 김창환·양성환·이관직·이장녕 등이 활동하였다.

경학사는 경영난으로 어려움을 겪게 되었다. 1년간은 이회영 일가의 힘으로 운영이 되었으나 그해 농사는 대흉년이었고, 예정되었던 신민회의 자금 75만 원도 국내에서 신민회사건이 일어나면서 조달될 수 없었다. 이에 1911년 가을에 부득이 경학사를 해산하기로 하였다. 때마침 국내에서 맹보순孟輔淳으로부터 일제의 암살단이 만주로 밀파되었다는 전갈이 오면서 이동녕은 노령으로, 이시영은 봉천으로 피신하는 등 새로운 방략을 모색해야 했다.

어려움은 흉작만이 아니었다. 풍토병으로 사람들이 하나 둘 쓰러져 갔다. 이해동은 『만주생활 77년』에서 당시 상황을 다음과 같이 전한다.

식량 곤란으로 제대로 먹지 못한데다가 그해는 날이 가물어서 사람이 마실 우물도 마르게 되었다. 굶주림으로 어른 아이 모두 허기를 면할 정도이니 자연 몸이 쇠약해진데다가 식수까지 곤란하여 강물을 마시게 되었고, 심지어 나무뿌리에 괸 냉수를 먹다보니 해동과 더불어 풍토병이라는 질병까지 유행되어서 노약자는 물론 젊은 사람도 목숨을 잃게 되었다.

이해동 가족도 만주의 풍토병으로 숙부와 두 고모를 잃었다. 불과 1년 사이에 삼남매가 줄초상을 당하는 불운으로 이어졌다. 망명가족들의 무덤들이 하나 둘 만주의 산과 들에 들어차게 되었다. 오늘날까지 후손들은 그 무덤을 찾지 못하고 있다.

또한 이해동은 마적들의 출몰로 더욱 고달픈 교민들의 생활에 대하여 언급하였다.

만주땅은 옛날부터 마적이 많기로 유명한 곳이었다. 그때 서간도는 물론 전 만주지역의 사회질서가 어지러운 데는 역사적 원인이 있었다. 우리가 망명하던 가을 중국에는 신해혁명이라는 민중봉기가 일어나서 중국을 근 300년 통치하던 만청황제가 퇴위하였고, 민국이 새로 생겨났다. 그

통화현 합니하 전경(부민단)

런데 새로 생긴 민국이 각 지방을 완전히 통일 못하였고 각 지방마다 크고 작은 군벌들이 지방 왕이 되던 시대이고 보니, 지방의 치안이 문란할 수밖에 없고 마적의 기세가 더 한층 심할 수밖에 없었다.

독립지사들이 부민단·한족회라는 자치단체를 조직하여 교포의 생활 안정을 돌봐 주었고, 신흥강습소를 설립하여 교포 청년들의 문무훈련을 실시하였으나, 무장도 변변치 않았으며 더군다나 남의 나라에 와서 무장으로 중국인 마적대와 싸울 수도 없는 일이었다.

자치단체가 망명 가족의 생명 재산을 보호할 수 있는 유일한 방법은 중국 지방관원들과 교섭하여 우리 교포의 피해를 최소한도 줄이는 방법과 마적대 두목들에게 회유정책을 써서 망국민의 가련한 처지를 설교하는 길 밖에 없었다. 이와 같은 방법이 성과도 있었으나 완벽할 수는 없는 것이 불가피한 사정이다. 이와 같은 현실로 인하여 교포 이민들의 불안을 없앨 수가 없고, 때문에 잠을 편히 잘 수가 없는 것도 사실이었다.

이러한 마적들의 횡포로 이은숙은 마적들이 난사한 총에 맞아 피를 많이 쏟으면서 혼절하였다가 깨어난 경우도 있었다. 이회영의 둘째 형님인 이석영은 마적들에게 납치되었다가 중국 군대가 출동해서 겨우 풀려난 일도 있었다.

이와 같은 혹독한 상황에서 신흥강습소 역시 경학사와 같이 일단 문을 닫을 수밖에 없는 지경에 이르렀다. 제1회 신흥강습소의 특기생으로 김련·변영태·이규봉·성주식 등 졸업생 40여 명을 배출하는 성과를 보았다. 신흥강습소는 1912년 음력 6월 7일 이석영이 거액을 투자하여 통화현 합니하에 토지를 사고 학생을 받아들였다. 통화현 합니하는 삼원포로부터 남쪽으로 90리 정도 떨어진 지역으로 수전水田을 개척하기에 적합한 지역이었다. 동남쪽으로는 험준한 고척산이 30리 거리에 있고, 북쪽으로는 청하자의 심산유곡이 펼쳐져 있으며, 남서쪽으로는 혼강이 흐르는 곳으로 군사를 양성하기에 적합한 요새지였다.

안동에서 망명한 원로 망명객 김대락은 합니하에서 「분통가」를 짓게 되었다. 그는 『백하일기』에서 '나의 슬프고 분함을 부녀자와 역사가에 전하고 싶어 국문으로 분통가를 짓는다'고 하였다. 「분통가」는 식민통치를 거부하고 만주로 망명하는 과거의 모습과 만주에서 청년들에게 민족의식과 자긍심을 심어주는 현재의 모습, 그리고 청년들을 통한 독립전쟁과 광복, 광복 이후 전통과 근대가 공존하는 정치체제를 수립하는 미래의 모습을 노래하는 내용이다.

1913년 삼원포 남산으로 이주한 김대락은 왕삼덕 등과 함께 해체된 경학사를 대신하는 새로운 자치조직 공리회共理會를 결성하고 「공리회취지서」를 발표했다. 김동삼도 공리회 결성에 참여하였음은 물론이다. 김대락은 공리회가 유교적 이상사회를 건설하는 중심이 되어야 한다고 생각했다. 공리회가 추구하는 이상사회는 도덕이란 유교적 가치관이 중심이면서도 자유와 평등의 시대관도 담긴 대동사회大同社會여야 한다고 생각했다. 이는 김대락이나 김동삼이 꿈꾸었던 망명 한인사회의 모습이자 해방된 나라의 모습이었다.

고령자였던 김대락에게 만주는 생존하기에 너무 버거운 지역이었다. 그는 1914년 12월 10일 삼원포 남산에서 꿈꾸던 이상사회의 실현을 이루지 못한 채 일흔의 나이로 눈을 감고 말았다. 차디찬 북방 만주로 망명한 지 4년여 만에 가족과 영원한 작별을 고하였다. 이런 김대락의 일생에 대해 아는 사람이 너무나 적다.

부민단과 신흥학우단을 조직하다

경학사가 해체된 뒤 한인들의 자치를 담당하고 대소 분쟁들을 처리하기 위해 자치단체의 필요성이 대두되었다. 이러한 필요에 의해 건립된 것이 공리회와 부민단이다. 부민단의 설립 시기에 대해서는 기록에 따라 1912년 혹은 1916년이라는 논란이 있다. 명칭의 뜻은 '부여 옛터에 부여의 유민들이 부흥된 기지를 세운다'는 점이었다. 부민단은 총장이 총괄하며 그 아래 서무·법무·검무·학무·재무 등의 부서를 두었다. 이러한 부서는 시기에 따라 약간 변천되었다. 초대 총장은 허혁許爀, 후임은 이상룡 등이었다.

김동삼은 의사부장議事部長으로 선임되어 활동하였다. 부민단의 주요 사업은 한인의 자치를 담당하고 각급 지방조직의 한인사회에서 발생하는 분쟁을 조정하는 일이었다. 중국인 또는 중국 관공서와 분쟁사건도 해결해 주었다. 특히 신흥학교의 설립과 운영을 맡아 신교육과 군사교육을 실시하는 것을 부민단이 앞장서서 실행하였다.

부민단 총장 : 이탁
의사부장 : 김동삼   재무부장 : 안동식
검찰부장 : 최명수   학무부장 : 양규열
사판부장 : 이진산   협찬 : 김형식·남정섭

부민단은 경학사와 달리 지방조직을 만들었다. 천가호의 큰 마을은 천가장, 백가호에는 백가장, 십가호 부락에는 패장 혹은 십가장을 두는 등의 조직을 만들어 서간도지역의 한인사회를 효과적으로 관리하고자 하였다.

망명지사들이 합니하로 이주하여 그곳을 제2의 독립운동기지로 삼으면서 신흥강습소는 신흥학교 혹은 신흥중학으로 명칭을 바꾸고 1913년 5월에는 새로운 교사校舍를 신축하였다. 합니하 신흥학교의 초대 교장에는 서전서숙과 오산학교 교사를 역임한 여준이 추대되었고, 교감에

만주 신흥학우단 부활기념(1947년 10월 19일)

는 보성학교 출신으로 오산학교 교사를 지낸 윤기섭, 학감에는 신흥강습소 출신의 이광조, 교사에는 이규봉·서웅 그리고 중국어 담당의 관화국關華國 등이 있었다. 군사교관으로는 육군무관학교 출신의 김창환을 비롯하여 신흥강습소 출신의 성준용·이극 등이 있었다. 생도대장은 김창환, 생도반장은 원병상이 각각 맡았다. 이후 교장은 홍주의병에 참여하고 육군무관학교를 수료한 이세영李世永이 맡았으며, 교감은 이상룡, 재무감독에 이동녕 등이 임명되어 활동하였다.

    신흥학교에는 본과와 특별과를 두었다. 본과는 4년제의 중학과정이고, 특별과는 3개월 혹은 6개월 기간의 무관을 양성하기 위한 속성과였다. 신흥학교에서는 근대식 교육제도 아래 상당히 높은 수준의 중학과

정의 신교육을 시행하였다.

신흥학교에서 배출된 졸업생을 중심으로 신흥학우단이 결성되었다. 교장 여준, 교감 윤기섭 등과 신흥강습소의 제1회 졸업생인 김석·강일수·이근호 등의 발기로 조직되었다. 신흥학우단은 1913년 5월 6일 합니하 신흥강습소에서 창단되었다. 이 단체는 신흥강습소의 교직원과 졸업생, 그리고 재학생 등으로 구성되었다. 교직원과 졸업생은 정단원, 재학생은 준단원이었다. 신흥학우단은 자신들의 활동과 시세 변화를 일깨우려는 목적하에 기관지인 『신흥학우보』를 간행

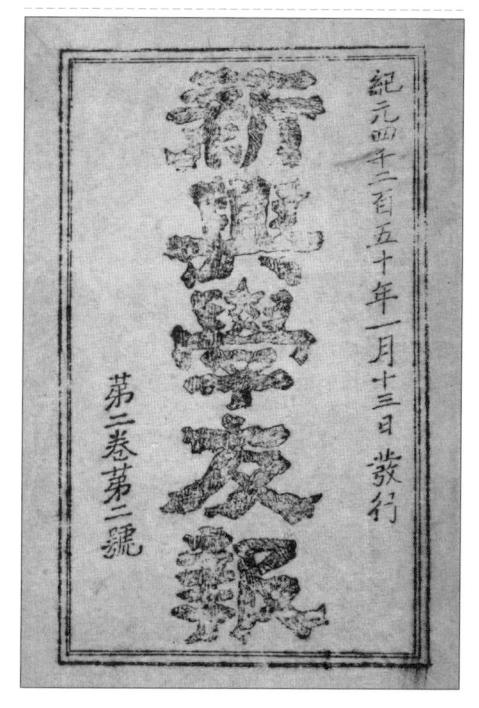

「신흥학우보」(제2권 2호)

했다. 처음 명칭은 '신흥교우단'이었고, 여기에서 『신흥교우보』를 발행하였다. 주필 겸 편집부장에는 신흥강습소 1회 졸업생인 강일수가 맡았고, 그 외에 신흥학교 졸업생인 이동화·장정근 등이 기자로 활동했다. 이 잡지는 군사·시사·문예 등 다양한 기사를 실어 단원들에게 혁명이념 선전과 민족의식 고취에 힘썼다.

또한 신흥학우단에서는 농촌에 소학교를 설립하여 아동교육을 담당하였다. 신흥학교 졸업생들은 독립군에 편성되어 무장투쟁을 전개하거

나 지방에 파견되어 2년간 의무적으로 교편생활을 해야 했다. 당시 재만한인사회는 교사가 부족한 상황이었으므로 지방 소학교에서는 신흥학교 졸업생을 교사로 선호하여 요청이 쇄도하였다. 졸업생들은 서간도 지역 뿐만 아니라 장백·화룡·연길·왕청·훈춘 등 북간도지역에 있는 학교에도 파견되었다.

졸업생들은 지방 소학교에 배치되어 학교운영과 지역계몽에 지도적 역할을 수행하였다. 이들은 주간에 아동교육을 실시하고 야간에는 지방 청년들에게 군사훈련을 시켜 일단 유사시 병력 보충에 대비하였다.

독립군영 백서농장을 건설하다

자치단체인 부민단과 졸업생이 중심이 된 신흥학우단은 1914년 통화현 제8구 쏘배차小北岔 심산유곡에 '백서농장白西農庄'을 건설하였다. 신흥학교 졸업생 가운데 1회에서 4회가 주축이 되었다. 각 분·지교에 설치한 노동강습소 등에서 양성한 독립군을 합하여 모두 385명이 모였다. 백서농장은 백두산 서쪽 깊은 산속에 자리 잡았다고 해서 '백서'라는 이름을 붙였다. 그리고 실제로는 독립군 군영軍營이지만 내외의 이목을 고려해 농장이라고 하였다. 그러나 직접 농사도 지었으므로 허명만은 아니었다. 백서농장은 병농일체를 추구했던 독립군 비밀병영이었다.

백서농장을 만든 뒤부터 만주에서 김동삼의 역할이 두드러지게 나타나게 되었다. 그는 독립군 군영인 백서농장의 장주에 선임되었다. 장주라는 것은 농장 주인을 뜻하는 것이 아니라 독립군 군영의 최고 지휘자

신흥무관학교 학생들의 백서농장 영농 광경

의 직책이라 할 수 있다. 훈독(訓督)에는 양규열, 총무에 김정제, 의무감에 김환, 경리에 김자순 등 부민단 계열 인사들이 지도부를 담당하였다. 그 외에도 농감 채찬, 교관 허식·김영윤·김동식·강보형, 교도대장 이근호, 1중대장 안상목, 2중대장 박상훈, 3중대장 김경달, 규율대장 신용관 등은 모두 신흥학교 졸업생으로 편성되었다.

백서농장이라는 군영이 만들어진 것은 신흥학교 졸업생들의 독립을 향한 강렬한 의지를 해소하기 위한 방침이었다. 졸업생들은 무관교육을 마친 후 독립을 위해 즉각 싸울 것을 원했으나 현실은 그렇지 못했다. 그러던 중 1914년 제1차 세계대전이 일어나면서 독립운동가들은 중일전쟁 혹은 미일전쟁이 일어날 것을 기대했다. 이들은 이 기회를 이용하여 일본을 구축하고 조선의 국권을 회복하려 계획하고 있었다. 그러나 전쟁

채찬

은 일어나지 않았고 오히려 일본의 위세는 더욱 강해졌다. 이들은 쏘배차 험산 유곡에 막사를 구축하고 1914년 가을부터 벌목을 시작하여 스스로 밭갈고 나무짐을 지는 간난고초를 겪으면서 1915년 초에는 수천 명을 수용할 수 있는 일대 군영을 형성했다.

백서농장의 주축을 이루었던 신흥학교 졸업생은 농장을 경영하면서 극한 상황에까지 내몰렸다. 무엇보다 영양실조와 각종 질병이 그들을 위협했다. 깊은 산속까지 식량을 제대로 조달하기가 어려워 영양실조에 걸리고 질병으로 이어졌다. 때문에 훈련과 교육에 지장이 심각했고, 농사와 작업도 해나가기 어려웠다. 대부분의 졸업생들이 동포들이 사는 곳으로 떠나고 최후로 30여 명이 남았다.

극한상황이었음에도 불구하고 남은 사람들의 의기는 대단했다. 교관이었던 허식(허영백)의 경우 1917년 가을에 열병으로 앓아누웠는데, 3개월 반 동안 세 차례나 재발하여 반신불수 상태에 빠졌다. 변소 출입도 할 수 없어 신용관(신광재)·채찬(백광운) 등 여러 동지들의 등에 업혀 다녀야 했다. 사경에 처하자 농장의 결정에 따라 출영 치료를 권고 받았으나 여러 날 고집을 부려 병세가 더욱 위독해졌다. 부득이 유하현 삼원포에 있는 왕삼덕의 집으로 데리고 가서 치료를 받고 1년 여 만에 겨우 회복이 되었다. 백서농장을 개설한 지 만 4년이 되었을 때 3·1운동이 일어나 독립의 열기가 활기를 띠게 됨으로써 한족회韓族會 총회의 지시로

농장은 폐지되었다. 현재 백서농장의 자리는 군사기지로서 일반인의 출입이 엄하게 금지되고 있는데, 이 점에서도 군사기지 선정에 대한 김동삼의 혜안을 엿볼 수 있다.

김동삼은 1916년 부민단을 중심으로 시사연구회를 조직하는데 참가했다. 시사연구회는 제1차 세계대전을 지켜보면서 독립전쟁을 향한 전략을 마련하는 데 그 목표를 두었다. 부민단 대표로 김동삼·이탁李鐸, 신흥학교 대표로 김창환·성준용, 신흥학우단 대표로 허식·김석 등이 참가했다. 이탁이 시사연구회 회장으로 선임되었다. 국내외 여러 곳의 정보를 효과적으로 수집하고 검토하기 위해 지역별로 책임자를 선정하였다. 서울·경기도에 김창환, 충청·전라도에 이장녕, 황해도·평안도에 김정제, 함경도에 이진산, 남만주에 김석, 북만주에 이진호, 동만주에 성준용, 일본에 최명수, 중국에 이동녕, 미주에 허식, 러시아에 김용규, 경상도·강원도는 김동삼이 각각 맡았다. 이들은 지역별로 정리된 정보를 바탕으로 적절한 항일운동 방략을 세우고 부민단에서 이를 실제적으로 운용할 수 있도록 하였다.

이탁

시사연구회의 활동은 부민단 자체를 발전적으로 개편하는 계기가 되었다. 제1차 세계대전이 종전될 무렵 국내로부터 많은 동포들이 만주로 이주하였다. 이들을 토대로 독립군기지를 확대하고 독립군을 양성하는 전략도 실효를 어느 정도 거두게 되었다. 1919년 3월 자치정부라 할 수 있는 군정서 성립은 이러한 사실을 그대로 보여주는 대목이다.

이탁(맨 왼쪽)과 동지들(오른쪽 두 번째 안창호)

통합운동의 주역이 되다 04

대한독립선언서 대표자로 참가하다

1919년 국내에서 거국적인 3·1운동이 일어났다. 북간도를 비롯한 서간도지역에서도 이에 호응하여 곳곳에서 만세운동이 일어나게 되었다. 유하현 삼원포는 서간도지역 중 3·1운동이 가장 먼저 일어난 곳이다. 3월 12일 기독교도를 중심으로 200여 명의 한인들이 서문 밖 교회에 모여 독립선언 경축대회를 열고 대한독립만세를 외쳤다. 주도인사들은 "조국광복의 시기가 도래하였으므로 동포 여러분이 다 같이 궐기하여 광복전선에 앞장서야 한다"는 연설을 하였다. 이어 연사들도 일제 만행을 규탄하였다. 시위대가 강을 건너 삼원포 시내로 진입하자 삼원포 중국 군경들이 총격을 가해 9명이 쓰러졌다.

통화현에서도 유하현 삼원포와 같은 날인 3월 12일에 만세운동이 일어났다. 통화현 금두화락에서는 기독교 신도·한인청년회 회원·한인교포 300여 명이 금두화락 교회에 집결하여 대한독립만세를 부르며 태극

「대한독립선언서」(일명 무오독립선언서)

기를 앞세우고 시위운동을 벌였다. 그리고 친일배를 포박하여 그 죄를 논한 뒤 처단하였다.

   3월 17일에는 삼원포 각 학교와 학생들과 부민단원 등 1,000여 명이 모여들었다. 이들은 국내로 들어가 시위운동을 단행할 계획을 세웠다. 하지만 이시영이 "다음의 독립전쟁에 총력을 바치기 위해 지금의 일시적인 기분은 자제하라!"고 권고하여 중단하였다.

삼원포지역은 독립운동의 주요 근거지이므로 일제가 어느 곳보다도 경계하는 지역이었다. 따라서 일제는 시위가 일어나자 일부 중국 관헌들을 앞세워 온갖 방해 공작을 자행하였다. 부민단 지부도에서는 대중동원을 자제하고 대신 재만한인사회 곳곳에서 독립만세운동이 계속해서 일어날 수 있도록 하는데 힘썼다.

시위운동의 중추역할을 하고 있던 부민단은 간부와 단원들을 총동원하여 유하·통화·환인·반석·집안·흥경 등 서간도 각 지방에 조직된 지회와 분회를 통해 독립만세운동을 주도하였다. 특히 통화지역의 만세시위운동은 3월 하순부터 단순시위가 아닌 무장투쟁 준비·친일배 처단 등 강경 행동으로 변모했다. 금두화락이나 쾌당모자의 부민단원을 중심으로 군자금을 모아 총기를 구입하고 군사훈련을 개시하려는 움직임도 있었다.

만세운동이 벌어지던 그때 길림에서 보낸 「대한독립선언서」가 삼원포에 도착했다. 정원택鄭元澤의 『지산외유일지志山外遊日誌』에 따르면, 그 선언서는 3월 11일(음력 2월 19일)에 인쇄하여 삼원포에서 만세운동이 일어나던 그날이나 바로 뒤에 김동삼이 활동하던 지역에 도착한 것으로 보인다. 선언서에는 대표자 39명의 이름이 적혀 있다. 그 가운데는 김동삼과 이상룡·여준 등 만주지역 인사들이 주축을 이루었다.

선언서는 대한독립의군부에서 작성한 것으로 되어 있다. 대한독립의군부는 세계대전이 끝나고 파리에 강화회의 대표가 파견된다는 소식을 전해 듣고 급히 만들어진 독립운동 조직으로 여준이 총재로 활동하던 단체였다. 대한독립의군부가 조직된 날은 3월 1일인데, 국내에서 일어

윤세복과 정원택

난 만세운동 소식을 듣지 못한 가운데 결성되었다. 그들은 상해에 대표를 파견하고 선언서를 작성하여 독립운동계 전체에 발송할 것을 결의했다. 선언서의 기초는 조소앙이, 인쇄와 발송은 정원택이 담당하기로 결정을 보았다.

다음 날 상해에서 보내온 전보를 통해 국내에서 일어난 만세운동 소식을 처음으로 듣게 되었다. 선언서에서는 한국이 자주독립국인 것을 선언하고 '한일합병'은 일본이 한국을 사기와 강박·무력 등의 수단을 동원하여 강제로 병합한 것이므로 무효라고 주장하였다. 더욱이 경술국치가 일본에게 대한제국을 넘겨준 것이 아니라 순종황제가 주권을 포기하면서 그것을 국민에게 넘겨준 것이라 주장했다. 또한 일본을 응징할 적으로 해석하고, '섬은 섬으로 돌아가고, 반도는 반도로 돌아오게 할 것'을 요구하였다. 그러면서 독립군의 총궐기와 한민족 전체의 육탄혈전을 촉구하고 나섰다. 항일독립전쟁은 바로 하늘의 뜻이자 대동평화를 실현하기 위한 신성하고도 정의로운 전쟁임을 내외에 천명하였다.

김좌진

선언서 본문 끝의 대표자 39명은 당시 독립운동을 이끌어가고 있던 최고지도자로 구성되었다. 김교헌·김규식·김동삼·김약연·김좌진을 비롯하여 조소앙·여준·이동녕·이동휘·이범윤·이상룡·이승만·이시영·박용만·박은식·신규식·신채호·안창호·조성환·허혁 등 모두 당대의 독립운동을 대표할 만한 이들이었다. 대표자 명단을 보면 김동삼이 있는데 그가 이미 독립운동계의 거물로 두각을 나타내고 있었음을 보여준다.

3·1운동이 일어난 뒤 상해에 대한민국임시정부를 수립한다는 소식이 전해지자 국내외 곳곳에서 활동하던 독립운동가들이 상해로 집결하는 분위기였다. 개인적으로 혹은 단체의 대표로 많은 지사가 속속 상해로 모여들었다. 이때 김동삼도 상해로 향했다. 조직적이고 통일적인 독립운동 수행을 위한 중심기관을 수립하려는 목적임은 두말할 필요조차 없었다. 이는 독립운동가들에게 절호의 기회로 인식되었다.

대한민국임시정부 조직에 앞장서다

김규식

김동삼이 4월 10일 상해에서 열리는 첫 회의에 참석한 것으로 보아 그는 삼원포지역에서 일어난 만세운동에 참가한 뒤 곧바로 상해로 갔던 것으로 보인다. 그가 상해로 간 행로는 밝혀져 있지 않지만 대개 길림과 장춘을 거쳐 신의주의 대안인 안동에서 배를 타고 상해로 이동했을 가능성이 높다. 육로보다 해로를 많이 이용하던 당시 상황에서 이를 어느 정도 유추해 볼 수 있다.

당시 상해에는 독립임시사무소가 개설되어 있었다. 파리강화회의에 파견하는 김규식金奎植이 파리로 출발하고 임시사무소는 부산하게 움직였다. 동제사同濟社와 신한청년당新韓靑年黨 인사들이 사무소에 북적거렸다. 이는 긴박하게 돌아가는 국제정세를 이용하여 일제침략의 부당성과 한국인의 독립의지를 만천하에 알리려는 의도였다. 국내에서 대표로 파견되어 온 현순玄楯도 사무소의 책임을 지고 있었다.

1919년 4월 10일 대표자회의가 열렸다. 참석한 인사들은 이튿날까지 나라를 세우고 정부를 조직하는 일을 논의했다. 김동삼을 비롯하여 모두 29명이 밤을 새워 회의를 진행하여 국가조직을 만들고 헌법을 결의하였다. 이 회의가 바로 제헌의회였던 셈이다.

4월 11일, 이 회의는 10개 조로 구성된 임시헌장을 결의하여 제헌헌법을 정식으로 통과시켰다. 임시헌법 제1조는 "대한민국은 민주공화제로 함"이다. 대한제국이 아닌 대한민국으로, 또한 군주제가 아닌 공화제를 내외에 천명하는 역사적인 순간이었다. 오늘날 대한민국은 여기에 역사적인 근원을 두고 있음을 의미한다.

 김동삼은 임시정부가 수립된 뒤 상해에 오래 머물지 않고 남만주로 돌아왔다. 그 이유는 분명치 않으나 상해에서 정부를 수립하고 조직을 관리하는 일보다 남만주에 벌여 놓은 독립군 양성이 더욱 시급했기 때문으로 생각된다. 김동삼은 상해의 임시정부도 중요하지만, 독립전쟁의 중심지는 만주라고 생각하였다. 각지에 산재한 항일무장세력을 보다 조직적인 지휘체계로 묶으려는 의도는 그가 항상 견지한 독립전쟁방략이었다. 남만주로 신속한 귀환은 이러한 목적을 관철하기 위한 일환에서 비롯되었다.

한족회와 서로군정서의 주역이 되다

1919년 3·1운동 후 서간도지역에 망명해 오는 한인들은 격증하였다. 이곳 독립운동가들을 중심으로 1919년 3월 13일 한족회가 조직되었다. 한족회는 그동안 한인 자치기구로 운영되어 오던 부민단을 확대·개편하면서 출범하였다. 부민단과 같은 이념과 목적을 추구하던 자신계·교육회 등이 유하현과 통화현을 비롯하여 해룡·흥경·임강·집안·환인현 등지에서 따로 활동하고 있었기 때문에 이들의 통합이 절실하게 요청되던 상황이었다. 한족회는 본부를 유하현 삼원포에 두었다. 중앙에 총장을 두고 각 지방에는 총관을 두는 등 세력 확대를 도모하였다. 한족회의 중앙 부서는 다음과 같다.

중앙총장 : 이탁
중앙위원회 위원 : 이상룡·박건·주진수·왕삼덕·정무·윤복단·
　　　　　　　　김정제·이휘림·김창무·곽영·안동식
총무사장 : 김동삼　　　총무차장 : 김자순
학무사장 : 양규열　　　학무차장 : 윤기섭
외무사장 : 곽문　　　　외 교 원 : 허식
사판사장 : 이진산　　　사판차장 : 남정섭
검무사장 : 최명수　　　검무차장 : 안동원
검 독 : 성인수　　　　검 찰 : 안병모
한족신보 주필 : 이시열

한족회는 기관지로 이시열·허영백이 주도하는 『한족신보』를 발행하였다. 이 신문은 한국 혁명운동의 지도이념을 고취시키는 데 주력했다. 이후에는 『새배달』로 명칭을 바꾸었다. 또한 한족회에서는 일반 교민들에게 의무금을 부과하고, 군정부의 재정을 담당하였다. 이는 독립군 양성과 무기 조달 등의 사업을 수행하는 기틀을 마련하기 위함이었다.

김동삼은 한족회 업무의 전반 사항을 총괄하는 총무사장이 되었다. 뒤에 김동삼이 서로군정서의 참모장을 맡게 되면서 총무사장 자리는 안동출신이며 집안의 조카가 되는 김성로에게 넘겼다. 김대락의 아들이며 김동삼의 집안 동생이 되는 김형식이 뒤에 학무사장을 맡기도 했다. 간부진을 위와 같이 구성하고 본격적인 활동에 들어간 한족회는 국내외의 독립운동을 효과적으로 통제·지도할 수 있는 중앙정부의 건립을 목표로 설정하였다. 일제와 대결하기 위해서는 독립군을 편성하고 장차 독립전쟁을 수행해야 했으므로 이를 담당할 군정부를 건립하려고 했다.

한족회에서는 군정서 설립을 위한 군자금을 모집하는 한편 군정서의 중요 기구인 독판부와 정무청 및 의회를 구성하고 하부조직을 설정하였다. 그러나 1919년 4월 상해에 대한민국임시정부가 수립되어 독립운동의 최고기관으로 활동을 개시하게 되었다. 한족회에서는 대표를 상해로 파견하여 다음과 같은 사항을 협의하였다.

(1) 국내외 모든 독립운동을 통제·지도할 임시정부의 위치는 국제외교상 상해가 적합하므로 그곳에 임시정부를 두도록 한다.
(2) 무장독립군 국내진입 활동은 만주가 적합하므로 독립군을 지휘할 군정부는 만주에 건립한다.

임시정부와 한족회는 위와 같은 타협안을 결의하고 1919년 11월 17일 임시정부 의정원과 국무회의에서 이를 통과시켰다. 이에 따라 한족회는 군정부의 명칭을 서로군정서로 고치고 본격적인 독립전쟁을 준비하게 되었다. 새로 성립된 서로군정서의 간부진은 다음과 같다.

독　　판 : 이상룡　　　부 독 판 : 여준
정무청장 : 이탁　　　　내무사장 : 곽문

신흥무관학교 터 전경

법무사장 : 김형식   군무사장 : 양규열
참 모 장 : 김동삼   사 령 관 : 지청천

　김동삼은 군권을 통솔하는 참모장에 임명되어 군사 지휘자가 되었다. 서로군정서 최고 수장인 독판에 이상룡, 법무사장에 김형식 등은 모두 안동에서부터 함께 활동하다가 망명한 인물들이었다.
　신흥학교에서도 3·1운동 이후 국내에서 대거 망명해 오는 청장년들을 수용하기 위해 신흥무관학교로 확대·개편하였다. 이에 따라 신흥학교에서는 유하현 고산자 하동의 대두자 마을의 언덕에 40여 칸의 병사

유하현 전승향 대두자(부민단3구 소재지)

를 짓고 그 아래 평지에는 연병장을 설치하였다. 이때 일본 육군사관학교를 졸업하고 육군 중위로 있던 지청천(池靑天)이 김경천(김광서)과 함께 합니하에 있는 서로군정서로 찾아왔다.

서로군정서는 신흥중학을 신흥무관학교로 개편하고 1919년 음력 5월 3일 정식 사관학교로 개교식을 거행하였다. 이후 신흥무관학교에는 국내에서 소문을 듣고 찾아온 청년들·재만교포 청년들·다른 무장단체에서 파견된 청년 등 각지에서 많은 사람들이 모여 들었다. 이들의 연령층은 17~18세에서 40여 세로 다양하였다. 이때 1기의 학생은 600여 명에 달할 만큼 대단한 호응을 받았다. 이는 신흥강습소 이래 최대의 숫

지청천

김경천(김광서)

자로 신흥무관학교의 전성기였다. 입교를 희망하는 학생들에게는 정해진 시험을 부과하기도 하였다. 김산(장지락)의 경우 입학을 위해 국사·국어·지리·수학·신체검사 등의 시험을 치렀던 것으로 보인다.

신흥무관학교는 고산자에 2년제의 고등군사반을 두어 고급 간부를 양성하고자 하였다. 통화현 합니하·칠도구·쾌대모자 등지에는 분교를 두어 초등군사반을 두고 3개월간의 일반 훈련과 6개월간의 간부후보 훈련을 담당하였다. 고산자 신흥무관학교의 초대 학장에는 이시영, 교장에는 이세영, 부교장에 양규열, 학감에는 윤기섭, 훈련감에는 김창환, 교성대장에는 지청천, 교관에는 오광선·신팔균·이범석·김경천·성준용·원병상·박장섭·김성로·계용보, 의무감에는 안사영 등이 활동했다. 합니하 분교의 교장은 이장녕이 맡았다. 학도대장은 성준용, 교관에는 박두희·오광선·홍종락·이범석·홍종린 등이었다.

신흥무관학교 교훈은 '조국을 되찾고 겨레를 구출하기 위하여 이 자리에 모인 생도들의 책임이 중차대하니 인격을 연마하고 군사지식을 배양하여 부과된 사명을 완수하는 것'이었다. 이를 위해 신흥무관학교에서는 보병·기병·포병·공병·치병輜兵에 대한 기본과목과 내무령·측

도학·훈련교범·위수복무령·육군징벌령·육군형법·구급의료·총검술·유술·격검·전략전술·축성학·편제학 등의 교과목을 가르쳤다. 연병장에서는 교관의 구령 아래 주로 각개 교련과 기초훈련을 실시하였다.

김산(장지락)

김산의 회고에 따르면 신흥무관학교의 훈련 내용은 매우 엄격한 가운데 다양하게 진행되었다.

수업은 새벽 4시 기상과 함께 시작되었다. 체력단련을 위한 체조와 구보 등도 교육과정 중 하나였다. 학과는 오후 9시 취침하기 전까지 연속되었다. 군사교육은 실전을 방불케 하는 엄격한 전술학이나 복무규정 등도 포함되었다. 이외에도 국어·국사·지리 등을 중시하는 등 민족의식과 민족정신 고취에 힘썼다. 사용한 교재로는 국어에 『국어문전』, 국사에 헐버트의 『대한역사大韓歷史』와 현채玄采의 『유년필독幼年必讀』 등이 있었다. 지리교과서는 장지연의 『대한신지리지大韓新地理誌』와 이원태李源泰의 『배달족강역형세도倍達族疆域形勢圖』 등을 사용하였다. 이는 백절불굴의 굳건한 군인정신을 배양함은 물론 한민족 구성원으로서 자긍심을 일깨우기 위함이었다.

신흥무관학교는 학생들의 정신교육을 위한 6개 항목의 실천사항을 강조하였다.

첫째 불의에 대한 반항정신

둘째 임무에 따른 희생정신

셋째 체력을 연마하는 필승정신

넷째 어려움을 극복하는 인내정신

다섯째 사물을 바라보는 청렴정신

여섯째 건설적인 창의정신이 그것이다.

재정적인 어려움 가운데서도 신흥무관학교는 많은 독립운동의 투사들을 배출하였다. 1911년 삼원포 추가가의 신흥강습소 졸업생부터 1920년 8월 신흥무관학교가 문을 닫고 주력이 안도현 삼림지역으로 이동하기 전까지 배출한 졸업생 수는 무려 3,500여 명에 이른다. 이들은 만주 무장투쟁의 주역으로서 한국독립운동사상 혁혁한 공적을 남겼다.

졸업생들은 주로 무장독립군에 편성되어 무장투쟁을 전개하거나 지방에 파견되어 2년간 의무적으로 교편생활을 해야 했다는 것은 앞에서 살펴보았다. 신흥무관학교는 서로군정서에 의해 운영되었다. 신흥무관학교의 교성대장인 지청천은 동시에 서로군정서의 사령관을 역임한 사실에서 긴밀한 관계를 엿볼 수 있다. 따라서 졸업생들의 무장투쟁은 주로 한족회의 군사조직인 서로군정서의용대를 통해 이루어졌다. 권계환·김동식·김중한·김우권·김철·김하성·김학규·박명진·백광운·백기환·신용관·오광선·이덕수·이병철·현기전 등이 서로군정서의용대에 활동한 주요 인물이었다.

서로군정서와 북로군정서(대한군정서)는 설립 초기부터 상당히 협조적인 관계에 있었다. 1920년 5월 29일 서로군정서 대표 헌병대장 성준용과 북로군정서 대표 사령관 김좌진 사이에는 '체약문'이 체결되었다. 체약문에는 두 군정서가 상해 임시정부를 옹호할 것을 밝히고, 양 기관의 친목은 물론 군사상 일체의 중요 안건은 상호 협의하며 사관의 연성과 무기구입도 상호 부조할 것을 밝혔다.

 1919년 8월 북로군정서가 조직되었을 때, 신흥무관학교 교관 이장녕李章寧은 북로군정서의 요청으로 참모장 요직을 맡았다. 또한 북로군정서 김좌진이 사관연성소를 신설하기 위해 요원을 보내달라는 요청에 따라 신흥무관학교 교관 이범석李範奭과 졸업생 김훈·오상세·박영희·백종렬·강화린·최해·이운강 등을 교관으로 파견하였다. 이들은 북로군정서에서 부대의 핵심 직책을 맡았다. 이장녕이 참모장을 맡은 외에 박영희朴寧熙는 사령부 부관 겸 사관연성소 학도단장을, 이범석은 연성소 본부 교관과 연성대장을, 김훈金勳은 종군장교와 소대장을, 백종렬은 구대장과 종군장교를, 강화린은 구대장과 중대장 서리를, 오상세는 중대장을, 이운강은 소대장 서리를 맡아 활약하였다. 이들이 훈련시킨 독립군들이 청산리대첩을 승리로 이끈 주역이 되었다.

 졸업생들은 서로군정서와 북로군정서에 참여한 이외에도 만주지역에서 대한통의부를 비롯하여 만주지역의 삼부였던 참의부·정의부·신민부에서 활동하였다. 삼부통합이 결렬된 후에는 한국독립군·조선혁명군 등으로 활약한 인물도 적지 않았다. 이들은 1930년대 중반 이후에는 중국 관내로 들어가 광복군의 주역이 되기도 했다.

 또한 이들은 무장투쟁뿐만 아니라 의열투쟁에도 의연히 참가하였다. 대표적인 단체가 의열단義烈團이다. 단장인 김원봉金元鳳을 비롯하여 강세우·권준·김옥·박태열·배중세·서상락·신철휴·윤보한·이성우·이종암·이해명·최윤동·한봉근·한봉인 등이 신흥학교 졸업생들이었다. 이 외에도 신흥무관학교 출신들은 국내에 잠입하여 독립운동을 전개하기도 하였다. 왕기서·권원하·김종엽 등은 신흥학교 출신으로 서울·평양 등지에서 군자금 모금과 독립군 모집을 위한 활동을 벌였다.

한편 졸업생들은 지방으로 내려가 소학교 등의 교사로 근무하거나 직접 학교를 설립하고 이주한인 자녀들을 위한 민족교육을 담당하였다. 이들에 의해 운영되었던 학교로는 통화현 쾌당모자의 신흥소학교를 비롯하여 통화현·유하현 일대의 신흥소학교, 장백현의 기독신흥학교, 화룡·연길·왕청현의 신흥학교, 유하현 대사탄의 대사탄소학교, 통화현 이도구의 동화학교 등이 있었다.

이와 같이 신흥무관학교는 신민회의 무장투쟁노선에 따라 설립된 독립군 양성기관으로서 역할을 충실히 수행하였다. 독립군을 지휘한 졸업생들은 만주 무장독립운동사 주역으로 활약하면서 많은 공적을 남겼다. 또한 이주한인들 자녀에게 민족의식을 일깨우는 교사나 민족교육기관 설립 등도 이들에 의하여 이루어졌다. 이른바 문무쌍전文武雙全에 의한 교육활동은 일제강점기 만주지역 독립운동을 견인하는 기반이나 다름없었다.

일제는 3·1운동 이후 만주지역에서 활동하고 있던 독립군을 토벌해야 국내에서 저들의 식민지배체제가 안정을 이룩할 수 있다고 판단하였다. 이에 중국 당국에 압력을 가하여 독립군에 대한 합동수사를 요구했다.

1920년 5월부터 남만지역에는 '중일합동 수색대'라는 토벌대가 조직되는 등 새로운 분위기가 조성되고 있었다. 남만 일대에서는 무장세력은 물론 이주한인 일반에 대한 대규모 검거작전이 시작되었다. 이보다 앞서 신흥무관학교 교직원과 학생이 마적에 의해 납치되는 사건 등이 종종 발생했다. 1919년 7월 하순 유하현 고산자의 신흥무관학교에서 마적들이 교감 윤기섭·교관 박장섭과 학생 수명을 납치하는 사건이 발생했다. 삼원포 한족회 본부에서는 백방으로 이들의 구출을 위해 노력한 결과 소양小洋 3백자百子와 면포 일반一反을 제공하고 이들을 구출할 수 있었다. 이외에도 신흥학교 학생인 서상락이 마적에게 납치되어 가는 등 마적의 습격과 납치가 점차 빈번하게 일어났다.

설상가상으로 이른바 '윤치국 사건'이 발생하였다. 1919년 8월 고산자 신흥무관학교 내에서 윤치국과 허황이 서로 취중에 힐난하던 중 연장자인 허황을 구타하자, 이를 보던 학생 다수가 격분하여 윤치국을 타살하고 말았다. 이 사건으로 교장을 비롯한 교직원들이 한족회에서 재판을 받게 되었다. 마적의 습격과 납치, 윤치국 사건을 비롯한 일제의 만주독립군 토벌 등으로 신흥무관학교는 명목상 1920년 8월 폐교되었다.

일제의 토벌로 서로군정서 독판 이상룡, 참모장 김동삼, 교성대장 지청천은 우리의 무장력을 보전하기 위해 1920년 8월 대산림지대인 안도현으로 떠나게 되었다. 지청천이 이끈 신흥무관학교의 교성대 400여 명은 서로군정서 참모장 김동삼과 신흥무관학교 교관인 김창환·오광선·손무영·김승빈 등과 함께 유하현을 출발하여 안도현으로 이동했다. 무장이 없는 도수부대였던 교성대는 홍범도 부대가 제공한 무기로 무장을 하고 청산리대첩에도 참가하였다. 교성대는 이후에 북행하는 홍범도 부대와 김좌진 부대를 따라 밀산으로 들어갔다. 노령으로 이동하던 각 부대가 밀산에서 대한독립군단을 조직하였는데, 주로 신흥무관학교 관계자들이 군단의 요직을 맡았다.

한편 지청천의 인솔하에 북만으로 이동한 서로군정서의 일부 병력과는 달리 신광재·백광운 등의 인솔로 남만지역으로 이동한 서로군정서의 나머지 병력은 진영을 정비하여 관전·집안·통화·임강현 등지를 중심으로 무장활동을 벌였다. 이들은 경신참변 이후 각지에서 준동하는 친일파 앞잡이를 처단하는 데 큰 공적을 세웠다.

경신참변으로 동생을 잃다

청산리대첩에서 승전을 거둔 독립군 부대는 일본군과 직접적 교전을 피하며 지체하지 않고 밀산을 향해 북정北征을 단행했다. 우선 사령관 김좌진이 인솔하는 북로군정서군은 무기와 탄약을 최대한 휴대하고 1920년 10월 27일경에는 화룡현과 안도현의 경계인 황구령촌 부근에서 홍범도 연합부대를 기다렸다. 이들은 11월 7일경 황구령촌을 출발하여 오도양차에서 삼림 계곡을 따라 천보산 서쪽 부근을 우회하여 연길현 합마탕을 거쳐 11월 15일경 왕청현 춘양향에 도착한 후 밀산으로 들어갔다. 이를 전후하여 안무安武가 인솔하는 200여 명의 국민회군과 의군부·광복단군도 이와 비슷한 경로를 따라 밀산으로 북정하였다.

홍범도가 인솔한 대한독립군과 한민회군 등의 연합부대 600여 명은 고동동에서 승첩을 거둔 후 청산리를 떠나 안도현 삼림지대로 진군하였다. 앞서 서간도 고산자의 본영을 떠나 안도현 내두산 부근 삼인반에서 새로운 병영을 건설하고 있던 지청천이 거느리는 400여 명의 서로군정서군과 합류하였던 홍범도 부대는 이들과 연합부대를 편성하고 총사령

안무   홍범도   최진동

관에 홍범도, 부사령관에 지청천을 각각 임명했다. 이 부대는 병영을 떠나 밤낮으로 행군을 계속하며 밀산을 향해 북정을 개시하였다.

한편 중국 측과 근거지 이동에 관해 타협이 이루어져 독립군이 장정을 시작할 때 안도현의 삼림지대로 피전한 김좌진과 홍범도의 연합부대와는 달리 처음부터 나자구와 밀산 방면으로 이동한 부대가 있다. 최진동崔振東이 인솔한 군무도독부군과 의군부·신민단·한민회 등의 독립군 일부가 그 방향으로 이동하였다. 이들은 장정 후 1,000여 명에 이르는 부대를 나자구에 집결시키고 이범윤李範允을 총재로 추대하고 최진동을 사령관으로 하는 대한총군부를 조직하였다. 또한 연해주 방면에서 기병대의 지원을 받으면서 이 부대는 일본군과 항전할 계획을 세우고 있었다. 대한총군부도 다른 독립군 부대 대부분이 밀산 방면으로 북벌北伐하자 그곳으로 향했다.

그러나 모든 독립군 부대가 밀산으로 북벌한 것은 아니었다. 본영에서 떨어진 병력도 있었고, 중도에 낙오한 병력도 적지 않았다. 대체로 만주 각지, 특히 북간도의 중요 독립군 부대는 청산리대첩 이후 중소 국경 부근의 밀산 방면으로 진군하였다.

독립군 부대가 집결한 밀산은 1910년 전후부터 민족운동자들이 국외 독립운동기지의 하나로 경영하기 시작한 곳이기는 하지만, 많은 독립군을 장기간 수용하기에는 좁은 지역이었다. 이들은 밀산에서 국경을 넘어 노령 연해주로 근거지를 옮기고자 하였다. 연해주는 1910년을 전후하여 국외 독립운동기지로 터전을 닦아오던 곳이고 무엇보다 20만 명으로 추산되는 한인사회가 건재하고 있었기 때문이다. 또한 당시는 러시아에서 볼셰비키혁명이 일어난 직후로 이들이 피압박 약소민족의 해방을 후원하겠다고 크게 선전하던 때였다. 이러한 선전은 무장투쟁을 주도하는 독립군 지도자에게 매력적인 구호임에 틀림없었다. 더욱이 국제적인 연대는 지속적인 독립전쟁을 견인하는 밑바탕이나 다름없는 중요한 과제였다.

여러 독립군단의 대표들은 회의를 열어 장기 항전체제로 전환하기로 결의하고 이를 위해 노령 연해주로 이동을 결의하였다. 또한 당당한 하나의 독립군단으로 진군하기 위해 대한독립군단도 조직·정비하기에 이르렀다. 대한독립군 조직에 합류한 중요 독립군 부대로는 서일徐一을 총재로 한 북로군정서를 비롯하여 홍범도가 지휘하는 대한독립군, 구춘선具春善이 회장인 대한국민회군, 이명순李明淳이 지도하는 훈춘의 대한국민회, 김성배金聖培가 지도하는 대한신민회, 최진동이 지휘하는 군무도독부, 이범윤을 총재로 추대한 의군부, 김국초金國礎의 혈성단, 김소래金素來

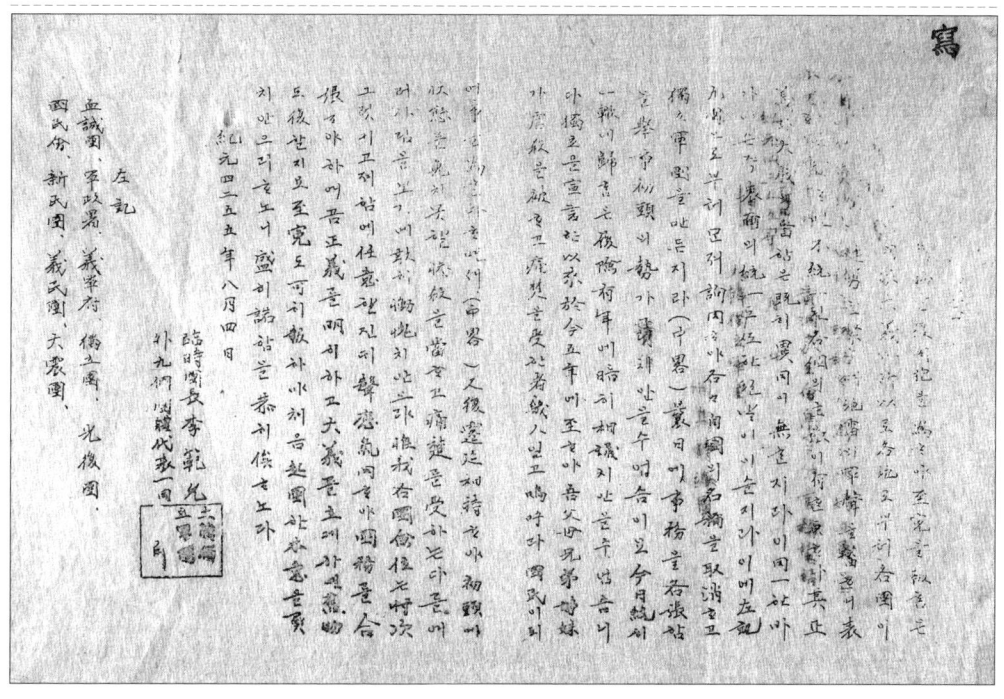

「대한독립군단 취지서」

의 야단과 대한정의군정사 등이었다.

이들은 북로군정서의 지도자였던 서일을 총재로 선임하고, 부총재에 홍범도·김좌진·조성환, 총사령에 김규식, 참모장에 이장녕, 연단장에 지청천, 중대장에는 김창환·조동식·김경천·오광선 등을 임명하였다.

대한독립군단은 3개 대대로 구성된 여단으로 편성하였다. 1개 대대는 3개 중대로, 1개 중대는 3개 소대로 편성하고 소대원 총수는 27명이 되었다. 총병력은 3,500여 명이나 되었다. 대한독립군단은 1921년 1월 초 일본의 포조군浦潮軍이 지키고 있는 경계망을 뚫고 노령 이만으로 진군한 후 자유시(알렉세호스크) 방면으로 장정을 계속하였다.

한편 독립군을 토멸討滅하기 위해 만주지역으로 침입한 일제 토벌군은 곳곳에서 독립군과 전투를 벌였지만, 그때마다 참패를 당하고 말았다. 대소 전투에서 승리한 독립군들이 군대를 정비하여 즉각 북만으로 장정에 들어가자, 결국 일제 토벌군은 작전이 실패한 것을 깨달았다. 일제는 독립군 토멸작전에 대한 결과 보고서에서 스스로 실패를 실토하였다.

"일본군은 독립군 측에 섬멸적인 타격을 주지 못했다. 또한 독립군의 중심인물로 지목된 자들의 대부분을 놓쳐버렸다."

일제 토벌군은 1920년 10월 북간도 전역으로 침입하던 날로부터 무기를 소지한 독립군의 초멸이 여의치 않자 독립군의 기반이 되는 한인사회와 항일단체·학교·교회 등에 대한 초토화작전을 병행하여 이른바 '경신참변'이라는 간도 한인 대학살의 참극을 일으켰다. 이들 침략군은 북간도 전역의 한인 마을을 구석구석 습격하여 건물에 불을 질렀다. 뿐만 아니라 무장하지 않은 한인들을 '불령선인'이라 지목하여 마치 짐승 사냥하듯 도처에서 수색하고, 남녀노소를 가리지 않고 임의대로 참살하는 만행을 저질렀다. 이러한 만행은 1920년 말까지 3개월간 집중적으로 반복되었다. 이후에도 잔류한 부대가 이듬해 5월 말까지 만행을 계속하여 참혹한 광경이 그치지 않았다.

용정촌 북쪽의 한인마을인 장암동에서는 전 주민을 기독교 교회당에 집결시킨 후 짚단을 쌓고 석유를 뿌려 불을 질렀다. 일본군은 불 속에서 뛰쳐나오는 사람들은 모두 찔러 죽여 몰살시켰다. 가족들이 넋을 잃고

간도참변 합동장례식

울부짖다가 일본군이 철수한 후 숯덩이같이 된 시신을 수습하여 장사지냈다. 며칠 후 다시 나타난 일본군은 마을 주민들을 모아 놓은 후 유족들에게 무덤을 파헤쳐 시신을 한 곳으로 모으라고 강요했다. 유족들은 살기 위해 언 땅을 다시 파 시체를 모아 놓았다. 그러자 그 위에 짚단을 쌓고 석유를 부어 불을 질러 재가 되도록 태워 버렸다. 흔적을 없애려는 일제의 교묘한 술책이었다. 하지만 장암동의 참변은 일제의 죄악상을 목격한 미국인 선교사 푸트에 의해 세상에 알려졌다.

이외에도 한인들의 참변 사례는 수없이 많았고, 참혹했다. 30여 호의 동족촌이 몰살됐고, 네 명의 형제가 한꺼번에 참사 당하는 경우도 있었다. 연길현 와룡동에 살고 있던 교사 정기선은 일제가 얼굴 가죽을 몽땅 칼로 벗겨도 말을 듣지 않자 두 눈을 칼로 도려내어 누구인지 알 수 없는 얼굴로 만들어 놓았다. 그밖에도 부녀자들을 강간한 후 살해하는가

하면, 2~3세 되는 유아를 창끝에 꿰어 들고 아파서 울부짖는 비명을 들으며 희희낙락하는 사례도 있었다. 이러한 한인참변을 취재하던 동아일보사의 장덕준張德俊 기자가 실종된 것도 이 무렵이었다.

이 같은 한인참변은 북간도에만 그치지 않았다. 이보다 앞서 압록강 너머 서간도지방에서도 '중일 합동 수색대'에 의한 참변이 1920년 5월부터 8월까지 4개월에 걸쳐 자행되었고, 10월 이후에도 관동군 소속 부대들에 의해 북간도와 같은 참변이 계속되는 등 악몽의 연속이었다. 이러한 한인 사회의 참변을 박은식朴殷植은 『한국독립운동지혈사』에서 다음과 같이 기술하였다.

장덕준 기자

장덕준 기자 조난 보도기사

아아! 세계 민족 중에서 나라를 위하여 몸을 바친 자 수없이 많지만 어찌 우리 겨레처럼 남녀노유가 참혹하게 도살을 당한 자 있을 것이오. 역대 전쟁사상에서 군사를 놓아 살육 약탈한 자 수없이 많지만 저 왜적처럼 흉잔·포악한 자는 들은 적이 없다. …… 저 왜적이 우리 서북간도의 양민 동포를 학살한 일 같은 것이야 어찌 역사상에 있은 일이겠는가.

각처 촌락의 인가·교회·학교 및 양곡 수만 석을 불태우고 남녀노유를 총으로 죽이고, 칼로 죽이고, 매질하여 죽이고, 결박하여 죽이고, 주먹으로 때려 죽이고, 발로 차서 죽이고, 찢어 죽이고, 생매장하고, 불에 태우고, 가마에 삶고, 해부하고, 코를 꿰고, 옆구리를 뚫고, 배를 가르고, 머리를 베고, 눈을 파내고, 가죽을 벗기고, 허리를 베고, 사지를 못 박고, 수족을 잘라서 인류로서는 차마 볼 수 없는 일을 저들은 오락으로 삼아 하였다.

우리 동포가 혹은 조손祖孫이 함께 죽고, 혹은 부자가 함께 참륙을 당하고, 혹은 남편을 죽여 아내에게 보이며, 혹은 형을 죽여 아우에게 보이며, 혹인 상인喪人으로 혼백 고리를 가지고 난을 피하다가 형제가 함께 죽음을 당하기도 하고, 혹은 산모가 기저귀에 싼 어린 아이를 품고 화를 피하다가 모자가 같이 명을 끊었다. 그밖에 허다한 일은 종이에 다 적을 수 없다.

지청천이 이끈 서로군정서군과 교성대를 비롯하여 많은 독립군 부대가 북쪽으로 장정을 떠난 후 김동삼은 서간도에 남아서 독립전선을 재정비하였다. 북상한 부대와는 달리 서간도에는 잔존한 병력도 있었기에 김동삼은 다시 사람을 모으고 군사력을 기르며 조직을 정비했다. 그러던 김동삼에게 청천벽력과 같은 소식이 전해졌다. 삼원보에 남아있던 동생 김동만이 일본군에 잡혀 참살 당했다는 소식이었다. 그는 죽을 때까지 1920년 11월 6일의 일을 잊지 않았다.

김동삼은 평생을 일신의 안락이나 가족에 대한 관심을 염두에 둔 적이 거의 없을 만큼 과묵한 성격이었다. 하지만 이역에서 함께 고생하던 아우의 죽음을 듣고 비통한 마음을 금치 못해 즉시 삼원포를 향해 떠나려 준비를 했다. 주위에 있던 동지들은 일본군이 각 처에 깔려 있으므로 길을 떠나려는 그를 극구 만류했다. 언제 어디에서 다가올 지도 모르는 신변의 위험 때문이었다. 하지만 그의 고집을 꺾을 순 없었다.

"먼 땅에서 함께 고생하던 내 아우가 나를 대신하여 죽었으니 어찌 자신의 위험만을 생각하고 그냥 좌시할 수 있겠는가?"

김동삼은 그날 밤에 길을 떠났다. 낮에는 수풀 속에 숨고 밤에만 샛길을 걸어 삼원포에 도착해 겨우 아우의 유골을 수습하고 돌아왔다. 독립운동에 투신한 후 많은 동지들의 죽음을 보았지만, 항상 형을 도와 고생하던 아우의 죽음은 크나큰 충격이었다.

김동삼의 동생에 대한 절대적인 신뢰와 애정은 각별하였다. 김동만 또한 형의 입장을 백 번 이해하고, 기대에 한 번도 어긋나지 않는 아우였다. 김동삼이 안동지역의 청년 20여 명을 데리고 만주에 들어온 이후, 집안 대소사는 동생이 맡아서 처리해 주었다. 때문에 김동삼은 걱정 없이 독립투쟁에 전념할 수 있었다. 김동만은 고향에서 집안을 돌보는 한편 독립운동 자금을 조달하여 만주로 보내는 일을 하였다. 더욱이 교포학교인 삼원포 삼광중학교 교장으로 재직하면서 독립운동의 주요 역할을 감당하고 있었다.

김동삼의 고향에는 조상으로부터 물려받은 재산이 상당히 있었는데, 김동삼이 하얼빈에서 일본 경찰에게 체포되기 전까지 대부분 팔아서 독립운동 자금으로 사용했다. 마지막으로 남은 몇 마지기 땅도 김동삼이 체포되고 감옥에서 고향 일족에게 편지를 보내 마지막 처리를 부탁했다. 이때 보낸 한 통의 편지는 지금도 남아 있다.

독립군과 독립투사를 토벌하기 위해 서간도로 쳐들어온 토벌대는 많은 한인 교포를 체포하였다. 그 가운데 저명한 지도자들의 체포가 토벌대의 주요 목표였다. 남만주의 대표적 독립투사 김동삼의 체포에 토벌대와 그들의 앞잡이들이 혈안이 된 것은 당연한 일이었다. 그를 잡지 못하던 차에 그의 동생을 체포하였으니 왜놈의 마수를 벗어날 수 없었다.

토벌대가 삼원포로 쳐들어온다는 소식에 김동만과 청년들은 일차 몸을 피해 산중을 전전하면서 토벌대가 철수하기를 기다렸다. 이때가 음력 10월인데 만주땅은 이미 눈이 많이 오고 날씨도 추워서 산으로 피신하여 다니기가 여간 고통스러운 것이 아니었다. 체포되던 날 저녁 김동만은 몇몇 청년들과 동리로 내려와 쉬기로 했다. 그런데 어떻게 비밀이 새어 나갔는지 한밤중에 일본 기마대를 앞세운 토벌대가 삽시간에 부락을 전면 포위했다. 한집 한집 조사를 하면서 미리 예정된 독립투사와 의심스러운 청년들을 체포하는데 김동만도 어쩔 수 없이 당하고 말았다.

그날 한인마을에서는 40여 명이 일제에게 체포되었다. 그 가운데는 조손祖孫 두 사람이 함께 체포된 가족도 있었다. 손자가 되는 사람은 열혈청년이고 조부가 되는 사람은 예순이 지난 노인이었다. 일본군 토벌대는 삼원포가 독립군의 소굴이라는 사전포석을 쳐놓고 왔기 때문에 체포된 사람들에 대해 특별히 가혹했다. 그들은 조손 두 사람을 끌어내어 포승에 결박한 채 말꼬리에 달아서 끌고 다니면서 학살하였다. 체포된 사람 가운데 12명을 남겨놓고 나머지는 석방했다. 이튿날 체포된 12명에 대하여 고문을 가하고 독립군의 행방과 조직의 비밀을 대라고 윽박질렀으나 누구 하나 말하는 사람이 없었다. 사실 독립군의 활동은 극히 비밀이었기 때문에 알 수도 없었다. 토벌대는 체포된 12명을 묶은 채 삼원포에서 만리고로 가는 왕클령 고개 아래에서 모두 총살하고 죽은 시신마저 목을 잘랐다. 김동만도 여기에서 너무나 참혹하게 참살 당했다.

　김동만의 아들 김경묵의 회고담을 후일 김동삼의 며느리 이해동은 이렇게 전한다.

　시삼촌(김동만)은 12명 중 맨 마지막으로 총살하였다고 들었는데, 조선 옷고름을 뜯어 눈을 싸매었고 목은 군도로 쳤으나 채 떨어지지 않았으므로 시체만은 그냥 알아볼 수가 있었다고 한다. 그 후 시사촌 동생(김경묵)은 그때 목격한 것을 이렇게 말했다.
'그때 여덟 살이던 나는 어머니를 따라 아버지 시체를 찾으러 갔다. 그 당시 무섭고 참혹한 정경은 지금도 나의 머릿속에 또렷이 생각되며 영원히 잊을 수 없다.'

　만리구에 살고 있던 이해동의 조부가 나서서 시체를 수습하고 김동삼의 두 아들 정묵과 용묵, 그리고 김동만의 아들 경묵을 돌봐주어 장례를 치를 수 있었다. 훼손된 남편의 시신을 본 아내의 충격은 표현할 수 없을 만큼 아리고 깊었다. 그녀는 그때 받은 정신적인 충격으로 온전한 생활을 할 수 없게 되었다. 일제는 이처럼 잔혹한 살육을 통하여 독립운동가에게 탄압을 자행하고 있었다.
　김동삼으로서는 참으로 아득한 일이었다. 동생은 그의 독립운동을 뒤에서 보필하는 든든한 동지이자 지기였다. 게다가 청산리대첩에서 집안 조카인 김성로가 전사하는 비극을 들었다. 한꺼번에 동생과 조카를 잃은 것만으로도 참담한데 더욱 심각한 것은 경신참변으로 인해 지금까지 서간도에 일구어 놓은 독립군기지가 뿌리째 흔들리게 된 사실이었다. 모든 것에 대하여 대책을 세워야 했고, 핵심적인 인물은 바로 자신인 김동삼이었다.

김동삼 가정의 생활문제와 동생의 몫을 대신할 새로운 인물로 택한 이는 사촌동생인 김장식金章植이었다. 그는 고향에 연락하여 김장식을 삼원포로 오게 하였다. 독립운동을 계속하기 위해서는 아이들이 성장할 때까지 대소가 살림을 사촌동생에게 맡길 수밖에 없었다. 그는 일찍 아내를 사별하고 혼자 고향마을에 살고 있었다. 김장식은 만주에 도착하자마자 김동삼 형제의 가족들과 이원일 가족을 돌보는 일을 맡았다. 김장식과 이원일은 불안한 환경을 벗어나기 위해 북만주로 가족들을 이주시킬 것을 결정하였다. 북만주는 남만주에 비해 상대적으로 일제의 위험이 적었기 때문이다.

이즈음 김동만이 피살되면서 연기되었던 김동삼의 맏아들 김정묵의 혼인이 성사되었다. 김동삼의 며느리가 될 규수는 안동에서 이주한 진성 이씨 이원일의 맏딸 이해동이었다. 이원일은 안동에서 협동학교를 다녔으니 김동삼의 제자뻘이라고도 할 수 있다. 그는 1911년 초 안동을 떠나 서간도에 왔다. 김동삼 가족과 이원일 가족은 북만주로 이사하기로 결정한 후 결혼식을 간단하게나마 올리지 않을 수 없었다. 수천 리 길을 떠나는데 예식을 올리지 않고 함께 가는 것은 예절에 맞지 않다고 생각했기 때문이었다. 결혼식은 그저 머리 올리고 비녀를 꽂는 정도로 간소했다. 시아버지인 김동삼은 그러한 결혼식이 있는지도 몰랐고, 가족은 가족대로 김동삼이 어디에 있는지 행방조차 알지 못했다.

며느리 이해동의 수기 『만주생활 77년』에는 이때의 사정을 다음과 같이 기록하고 있다.

> 시아버님은 큰 아들의 성가成家조차 모르고 가족들도 시아버님 행방조차 알지 못했으니 소식도 알릴 수가 없었다. 명색이 인간대사인 결혼식인데 시집을 오는 며느리가 시아버님을 뵐 수도 없고 큰절도 못 올리니 송구스러운 마음을 금할 수가 없었으나, 독립운동의 지도자로서 풍찬노숙하는 시아버님의 처지를 이해할 수 있는 정도의 철은 들었다. 이때 못 올린 큰절은 몇 달 이후 우리가 북만주 영안현 주가툰이라는 곳에서 시아버님을 처음 뵈었을 때 올릴 수 있었던 것이다.

김장식은 김동삼과 이원일 가족을 이끌고 북상길에 올랐다. 김동삼의 아내 박순부와 혼인한 지 열흘 남짓한 아들 김정묵 내외, 작은 아들 김용묵, 김동만의 아내와 아들 김경묵, 이원일의 노부모를 비롯하여 그 가족들도 함께 길을 나섰다. 김동삼의 아내와 김동만의 아내는 중년 부인으로 중국어를 한 마디도 못했고, 김동삼의 둘째 아들 김용묵과 김동만의 아들 김경묵은 아직 열 살도 되지 않은 소년이었다. 이원일의 부모는 노년에 든 분들이었다.

당시 삼원포에서 북만주로 가는 기차는 없었다. 육로로 개원까지 가서 기차를 타야했다. 삼원포에서 개원까지는 천 리 길인데 늙은 노인들과 아이들이 있어 걸어 갈 수도 없었다. 하는 수없이 중국인 마차 두 대를 세를 주고 구했다. 음력 정월, 만주의 추위는 만만치가 않았다. 이불을 마차에 깔고, 덮고, 둘렀지만 어는 듯한 손발은 어쩔 수가 없었다. 영하 30도의 만주 추위를 실감하면서 몇 시간을 달렸다. 동상에 걸리지 않으려고 손과 발을 연신 주물렀다. 겨울 해는 유난히 짧아서 하루에 70~80리 정도 가는 것이 고작이었다. 쾌점에 도착해서도 남녀 구별 없이 한 방에서 자야했다. 식구는 많고 경비는 부족하여 쾌점에서 값싼 전병과 물두부국으로 끼니를 때우며 겨우 언 몸을 녹였다.

일행은 개원역에서 하얼빈으로 가는 3등 기차를 갈아타고 해림역에 도착했다. 이곳에서 김동삼 가족과 이원일 가족이 갈라졌다. 김동삼 가족은 영안으로, 이원일 가족은 목단강 부근의 중국촌인 여하呂河로 갔다.

남만지역 통합운동을 주도하다

경신참변 후 일시적 타격을 받았던 남만지역의 독립군들은 1921년 초부터 보민회保民會·조선인민회朝鮮人民會 등 친일단체들을 구축하고 독립운동의 기반을 재건하는데 힘썼다. 이러한 활동의 중심인물은 신용관(신광재)·채찬(백광운)·장기초(김소하) 등으로 이들은 서로군정서의용대 제1중대 소속이었다. 신용관은 경신참변 직후 신흥무관학교 동창생인 채찬 등과 무장대를 결성하여 친일파 숙청에 주력하였으나 아깝게도 젊은 나이에 병으로 사망하였다. 신용관이 병사한 이후에는 채찬과 장기초 등이 집안현과 통화현 등지를 중심으로 활동하였다. 이들은 이후 통의부의용군의 주력부대였던 제1중대 형성에 결정적인 기반을 구축할 수 있었다. 한편 일제의 정보자료에 의하면 임강현 등지에서 활동하던 신용관이 지휘하는 150여 명의 군대는 3대로 나누어 집안·통화·두도구 등지에서 활동하는 한편 오지에서 학교를 설립하여 학생들에게 독립사상을 고취하고 있었다. 1921년 5월 중순경에는 노령으로부터 장총과 단총·탄약 등을 구입하여 더욱 증강된 전력을 갖추었다.

남만 독립군들은 향후 남만지역의 독립운동을 효과적으로 수행하기 위해서는 단체통합이 급선무임을 절감하고 대표를 파견하여 통합 문제를 토의하였다. 이들은 우선 만주지역의 수복문제를 담당할 책임인원을 선정하였는데, 이들은 후일 대한통군부를 결성하는 주역이 되었다.

총지휘 : 이웅해　　참모 : 전덕원
연락 : 김우근　　　재무 : 오동진
비서 : 고할신　　　사법 : 현정경

1921년부터 1년여 동안 보민회·조선인민회 등 친일단체의 토멸에 전력하여 온 독립군들은 대다수 지역에서 그들을 몰아내고 남만지역에 독립운동기지를 재건하기에 이르렀다. 이에 따라 그 지역 유력한 독립운동단체인 서로군정서·한족회·대한독립단 등의 간부들은 이를 경축하기 위해 회합을 갖고 과거의 게릴라전을 청산하고 당당한 군단조직을 결성하기 위하여 의견합의를 보게 되었다.

그 무렵 광복군총영에서 활동하던 이관린이 국내로 들어가 양기탁을 인도하여 만주로 들어오면서 서간도지역 독립운동단체의 통합운동은 더욱 활기를 띠었다. 각 단체 간에 남만지역 독립운동기관의 통일문제가 심도 있게 논의되어 통일위원회를 구성하고 이를 위한 선전공작대를 편성하였다. 통일위원회 지도위원장에 양기탁을 선임하고, 선전공작대장 전덕명, 선전대원 김관성·김창희·고할신 등을 선정하였다. 이외에 협찬 전덕원·이웅해를 선전공작대로 보임하고 2~3개월간 선전에 주력한 결과 환인현 하구河溝에서 한족회·대한독립단·광한단·한교민단·평안북도독판부·광복군총영 등의 대표자가 남만통일회를 중심으로 회합하여 '대한통군부'를 결성하기에 이르렀다.

대한통군부는 당시 남만지역의 독립운동단체 가운데 가장 체계를 갖추고 있던 서로군정서(한족회)와 대한독립단·광한단 등의 대표들이 1922년 봄 환인현에서 이른바 '남만통일회'로 모여 성립되었다. 이 회의에서 각 단체는 각자의 조직을 해체하고 통합하여 대한통군부를 조직하기로 하였다.

대한통군부의 직제를 보면 군사단체로서 성격뿐만 아니라 교민의 자치행정을 중시하고 있는 것을 볼 수 있다. 또한 간부들의 면모를 보면 대개 서로군정서와 대한독립단 간부들로 구성되어 있는 것이 특징이다.

총　　　장 : 채상덕　　　비 서 장 : 고할신
민사부장 : 이웅해　　　군사부장 : 이천민
교육부장 : 김동삼　　　실업부장 : 변창근
사 령 관 : 김창환　　　경 무 감 : 전덕원

대한통군부의 결성은 명실상부한 완전한 통합은 아니었다. 따라서 1922년 6월 3일 중앙직원회의에서는 '통군부를 대개방하고 다른 기관으로 더불어 무조건으로 통일하되 일체 공결公決에 복종하자'고 결의하고 아직 통일의 태도를 취하지 않거나 소극적인 연통제·군정서 측과 기타 단체에 위원을 파견하여 가입을 교섭하기도 하였다.

　　통군부의 이러한 노력으로 '대한통의부大韓統義府'를 결성하기에 이르렀다. 1922년 8월 23일 이른바 8단 9회의 대표 71명이 환인현 마권자에 모여 '남만한족통일회의南滿韓族統一會'를 열었다. 통의부 결성에 참여한 이른바 8단 9회의 대표들 17개 단체와 대표자를 모두 확인할 수 없지만, 알려진 7개 단체와 대표자는 다음과 같다.

서로군정서	백광운·김선풍 외 7명
대한독립단	이웅해·이영식 외 21명
관전동로한교민단	이형갑·이영해 외 3명
대한광복군영	변창근·이영선
대한정의군영	박정석
평북독판부	신언갑·김연준 외 9명
대한광복군총영	백남준·김창의 외 9명

　　7개 단체는 당시 남만주지역에서 어느 정도 대표성을 지닌 단체였다. 회집한 이들은 다음과 같은 대한통의부 결성 등 6개 항을 결의한 후 8월 30일 남만한족통일회 회장 김승만金承萬 명의로 발표하였다.

南滿通信

南滿各團體大統一別報

四個年의長久한經營으로八大團體가一致連合하야統義府란惟一한名義下에軍號는義勇軍이라改稱함

三一宣言以來에오래經營中이던西墾島各團體大聯合은今에至하야비로소그目的을達하엿는데이에그會議의經過를槪論하면지난陰七月初一日某處에서各處에散在한

八團體代表七十一人이會合하고傍聽百餘名이會集하야南滿初有의盛會로一大盛况을일우엇는데議長金承萬氏의司會로金○○氏의「過去우리事業界의諸般弊害에對한所感」이란問題로大大的雄辯을吐함애滿場이拍手喝采하엿고會議의首題인統一問題를討論한結果에

統義府란名義下에八團體가連合하야從來의各立하엿던名稱은이로부터一幷廢止하고軍號는

義勇軍이라命名하야各立하엿던諸軍隊가今後로는이名義下에모다統一하게되고

機關組織은九部에分하야人選은 總長 金東三 副總長 蔡相德 秘書科長 高豁信 民事部長 李雄海 財務部長 李炳基 交涉部長 金承萬 法務部長 玄正卿 學務部長 申彦甲 交通部長 吳東振 實業部長 邊昌根 軍事部長 梁奎烈 參謀部長 李天民 司令長 金昌煥諸氏로選擧하야이것이海外各社會統一의第一步라하엿더라

獨立軍襲擊頻頻

敵이中警을利用하야

西墾島輯安支團長元俊浩氏가部下軍人一名을率하고通化縣지두허(音譯)에나가許星天家에隱身한것을通化駐在敵領事館에서密探하고夜間에中警十數名을다리고包圍襲擊을하야마츰내衆寡不敵으로二人이共히敵手에被捉하엿는데被捉된軍人一名은裵擧俊氏라하며

柳河縣楊鎭附近에서는獨立軍十餘名이朴建斗家에서留連中同縣邊沿鎭에서阿片密賣業하는日人河東이란者가當地中國巡警二十四名을帶同하고包圍攻擊을한結果에彼此銃火를相交하야中警一名은卽死하고我軍三名과主人朴建斗도中彈致死하고中警은退却하는길에農民二名을捕縛하야海龍으로押送하엿고

前軍政署遊擊班一行은某地에出張하엿다가歸路輯安縣泰平面五道嶺附近에서馬賊과衝突되여約三十分間交戰하엿다가彼此損害업시各歸하엿다하며

同義勇第二中隊第一小隊長車○○氏는通化縣哈泥河에出差하엿다가武裝을自解하고모다隱身中通化敵領事館은此事實을密探하야中國軍人을帶同하고奇襲을行하야不幸히藏置하엿던武器中木匣쌔창一柄와手銃二柄과五連發一柄을被奪하엿는데全小隊는하모損害가無하엿다더라

北間島通信

韓國王等馬賊과連絡

徵兵後計劃

頭道溝를襲擊하고東寧縣에到着한獨立軍은馬賊과또다시連絡을取하야가지고倭軍徹兵後에間島에서活躍할것을計劃한다더라

獨立軍活動

倭軍撤退를機하야「스빠스ㅅ야」에잇는獨立軍은內地進入計劃을爲하야一便軍資金을募集하고一邊으로는共黨과連絡을圖한다더라

四百名의獨立軍

間島襲擊計劃

吉林省高麗盤島에잇는光復團司令部에서는最近에四百名의獨立軍을三隊에分하야間島一帶로派遣하엿다더라

통의부 발족 보도기사(『독립신문』 1923년 3월 10일)

計開

佈告第四一號

本中央行政委員會於本月廿三日開臨時會議並明議決事項公佈於左

一、義勇軍經費由各該駐紮地方公所籌劃發給

二、農村公會通則按四次改定原稿由民事部公佈施行

三、任鄉軍人李亨植之返鄉旅費四元由臨時費項下開支

中央行政委員

李沰 玄正卿 池龍基

李震山 金容大 吳東振

金官戎 尹秉庸 金東三

紀元四千二百五十八年九月二十八日

民事部令第五一四號

右佈告事奉委員長劃定農村公會通則經中央行政委員之審查茲以公佈施行此佈

農村公會通則

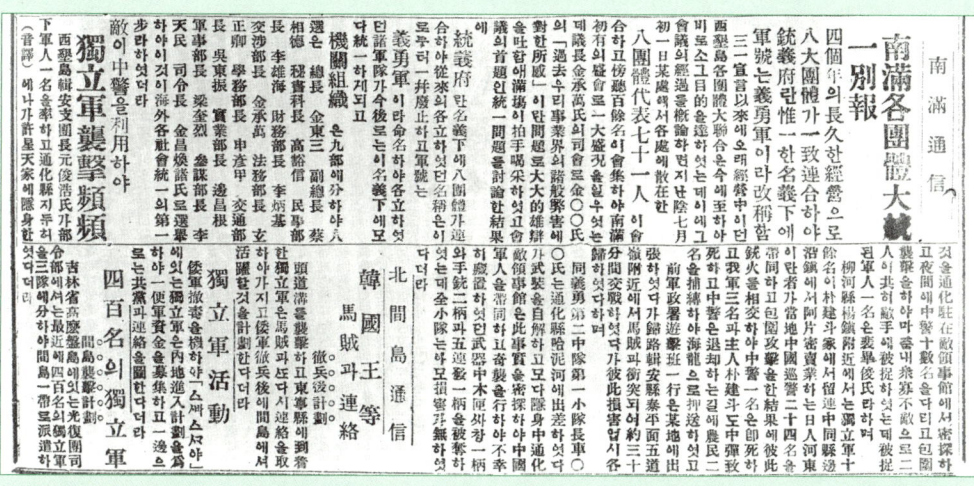

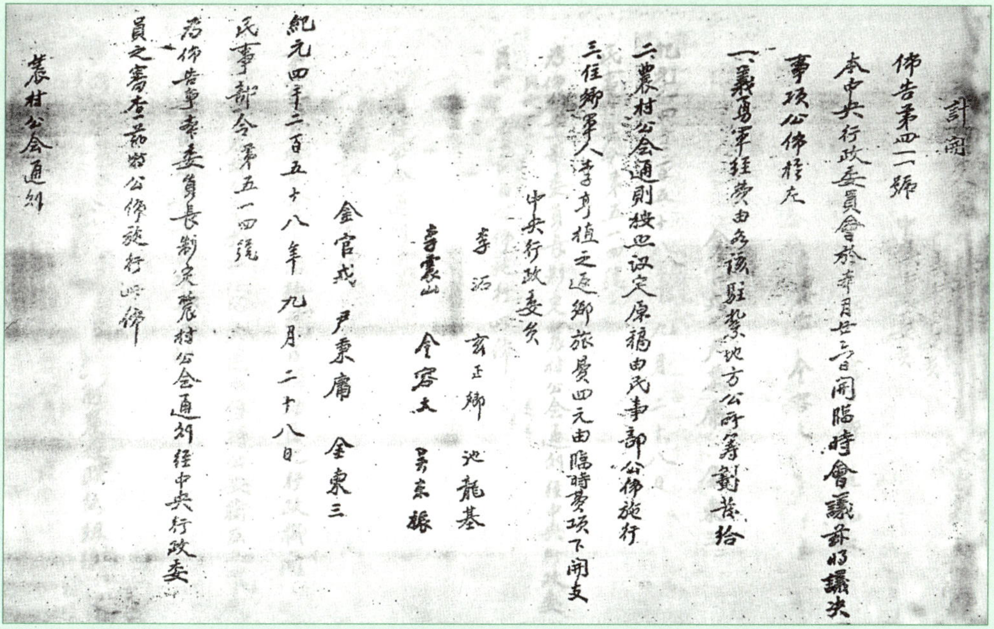

「통의부 포고문」

이승만 신규식 노백린

첫째, 각 단체 각 기관의 명의(평북연통제를 제외)를 취소하고 구역·인물·재정 등 일체의 제도, 인선 및 제반 처리사항을 무조건 공결公決 복종할 것을 서명 날인하고 서약한다.

둘째, 남만한족통일기관명을 대한통의부라 한다.

셋째, 군대 명칭은 의용군이라 한다.

넷째, 제도는 총장제로 한다.

다섯째, 헌장 9장 63조를 의결한다.

여섯째, 각 부서의 직원을 선거한다.

통의부는 통군부와 같이 군사활동과 교민의 자치행정을 아우른 조직이었다. 총장 아래에는 민사·교섭·군사·재무·학무·법무·학무·교통·실업 등의 9개 부서를 두는 등 군정부 형태를 갖추었다. 이러한 통의부의 결성은 기존의 남만 독립운동단체 통합과 같이 연합적 성격이

김구

조소앙

이시영

강하다. 특히 군사적인 면에서 그러하다. 이러한 것이 후일 통의부가 의군부나 참의부로 분리되어 나가게 되는 원인의 하나로 작용하였다.

그 무렵 김동삼은 대한민국임시정부의 교통총장으로 지명되었으나 이에 응하지 않았다. 대통령 이승만이 1920년 12월부터 이듬해 5월까지 상해에 머물다 미국으로 귀환한 후 신규식이 국무총리를 맡았고, 이어서 노백린 내각이 구성되었다. 여기에 내무총장 김구, 외무총장 조소앙, 재무총장 이시영 등과 더불어 그가 교통총장에 임명되었다. 김동삼은 위임통치를 주장한 인물이 대통령을 맡고 있는 대한민국임시정부에 결코 동조할 수 없다는 사실을 분명하게 밝혔다. 만주지역 지도자들이 이승만의 책임을 물어 정부 개편을 요구했지만, 이것이 받아들여지지 않자 한족회는 대한민국임시정부의 소속 기관에서 탈퇴하였다. 그런 만큼 한족회에 몸담은 김동삼으로서는 당연히 대한민국임시정부 국무위원을 받아들일 수 없었다.

김동삼은 대한통의부의 총장이자 중앙행정위원회의 의장이 되었다. 통의부가 정부 조직에 버금가는 조직이 있었으므로, 김동삼은 사실상 행정 수반이라고 할 수 있다. 대한통군부에 비해 대한통의부는 자치행정에 무게를 둔 면도 있지만, 군사부장이 중앙행정위원회에 속해 있었으므로 김동삼은 사실상 최고 통수권자나 다름없었다. 이는 그의 지도력과 통합 능력이 높게 평가받은 데서 말미암은 결과였다. 대한통의부의 중앙조직과 임원은 다음과 같다.

총　　　장 : 김동삼　　　부 총 장 : 채상덕
비서과장 : 고할신　　　군사부장 : 양규열
참모부장 : 이천민(참모부감 : 전덕원)
법무부장 : 현정경　　　학무부장 : 신언갑
재무부장 : 이병기　　　교통부장 : 오동진
실업부장 : 변창근　　　교섭부장 : 김영만
민사부장 : 이웅해

본격적인 만주의 무장투쟁 부대는 통의부의용군으로부터 시작되었다. 통의부의용군은 신흥무관학교 졸업생들이 주축을 이루고 있었다. 선봉중대라고 할 수 있는 제1중대가 바로 서로군정서와 신흥무관학교 출신으로 편성되어 있음을 알 수 있다.

통의부의용군 제1중대는 신흥무관학교 졸업생으로 백서농장을 경영하던 신용관(신광재)·채찬(백광운) 등이 경신참변 이후 서로군정서 산하에서 군인을 모집하여 서로군정서의용대 제1중대라 칭하고 활동하였다. 경신참변 이후 친일단체들이 남만에서 득세하여 그 피해가 많았는데 신용관은 동지 채찬·이병철·장창헌·백설령 등과 관전현·집안현·통화·임강지역에 출현하여 맹렬히 이들을 제거해나가 일제 당국도 크게 두려워하는 인물이었다.

이렇게 결성된 통의부의용군 5개 중대는 각기 계통과 활동영역을 달리하는 무장단체라고 할 수 있다. 즉 의용군은 편제상 외양이 단일 군단인 것으로 보이지만 별도의 명령 계통을 가지고 있음을 의미한다. 또한 전성기의 병력이 적게는 500명에서 많게는 900명까지라 하는 것도 다소 과장된 것으로 보인다. 당시의 군대편제는 같은 중대단위 내에서도 지역에 따라 분산·배치되었다. 이들은 적게는 수명에서부터 많게는 40~50명이 각 지역에 분산·배치되었으며, 때로는 연합하여 합동작전을 펼치기도 하였다. 군대를 유지하는 비용을 염두에 둘 때 병력의 한계가 있는 것이다. 이후의 참의부 등 독립군 부대의 경우를 볼 때, 중대 편제는 기본 150명 내외로 통의부의용군도 이와 유사한 수준이라 생각할 수 있다. 병력을 과장하는 것은 대외적인 힘의 과시나 또는 재가在家 예비병력까지 포함된 인원이라고 생각된다.

통의부의용군을 구성하는 5개 중대는 남만 무장독립군의 근간을 이룬다. 서로 계통을 달리하는 이 5개 중대는 통의부의용군이라는 군호軍號로 모여 적 기관 파괴와 친일세력의 응징에 힘을 모았다. 대한통의부의용군의 편성은 다음과 같다.

사령장 : 김창환	제1대대장 : 강남도
제1중대장 : 채 찬(백광운)	제2중대장 : 최석순
제3중대장 : 최지풍	제4중대장 : 홍기주
제5중대장 : 김명봉	독립유격대장 : 문학빈

　대한통의부의 항일 무장투쟁을 담당하는 기관이 바로 의용군이다. 의용군의 무장활동은 첫째, 친일 어용단체의 파괴와 친일 주구를 처단하는 것이다. 경신참변 이후 신용관·채찬 등은 보민회·민회 등 친일단체의 토멸에 전력하여 남만의 대다수 지역에서 이들을 몰아내고 독립운동기지를 재건하였고, 통의부가 결성된 이후에도 친일 어용기관의 파괴와 친일 주구처단 등의 무장활동은 계속되었다.

　1922년 6월 보민회의 주도적인 인물이었던 중국인 길은국을 체포해 효수하였으며, 일민단의 재건에 골몰하던 친일주구 이완구를 습격하여 그 계획을 좌절시켰다. 이 해 12월 통의부는 친일파 소탕을 위해 의용군을 3개 대로 나누어 영고탑·대련·안동 방면으로 파견하고 친일행적이 있는 주구들을 처단하였다. 이러한 처단대상은 보민회 등 친일활동을 하는 자는 물론 일제의 주구는 한인과 중국인을 막론하고 처단했다. 독립군을 빙자하여 금품을 강요하는 무리도 응징되었다. 1924년 6월 7일 봉천의 전 보민회장이던 최정규의 처단은 그 대표적인 예라 할 수 있다.

　둘째, 의용군은 군자금 모집활동을 전개하였다. 통의부는 재무부에서 특파원을 파견하여 군자금을 모집하였는데 의용군도 군자금 모집에 동원되었다. 이들은 금광을 습격하거나 각지의 부호들에게 군자금 요청서를 보내는 등 때로는 강압적인 수단으로 군자금을 징수하기도 하였는데 이는 곧 중앙기관으로부터 제지를 당했던 것으로 보인다. 모집된 군자금은 모두 중앙의 재무부로 보내어져 재정의 통일을 도모하였다.

셋째, 통의부의용군의 무장활동 중 가장 역점을 두었던 것이 일제 식민통치기관의 파괴와 군경 등 적 사살을 통한 치안의 교란이었다. 이들의 활동범위는 환인·무순·흥경·유하·화전·반석·통화 등 남만지역은 물론 점차 압록강 대안의 평북지역에까지 미치게 되었다. 통의부 소속 의용군은 국내로 진입하여 군자금 모집과 일제 경찰 기관들을 습격하여 파괴함으로써 일제의 통치기능을 마비시켰다.

이러한 의용군의 무장활동은 1922년 압록강 대안의 평북지역을 중심으로 전개되어 그해 10월 통의부 의용군 10여 명이 삭주군 외남면 대관동과 강계군 고산진에서 일제 경찰주재소를 습격하여 건물을 소각하고 적 경찰을 사살한 후 다수의 무기를 노획한 바 있다. 1923년 봄에는 창성·위원·의주 등 각지에서 적 경찰주재소를 습격하고 군·경을 사살하는 무장활동을 전개하였다. 당시 국내 보도에 1923년 중 독립군의 출현 횟수가 무려 1천 건이나 되었다는 사실은 국경지역에서 전개된 치열한 무장활동을 실증적으로 보여준다.

이러한 독립군의 활발한 무장활동에 대하여 일제는 대비책에 부심하지 않을 수 없었다. 즉 일본 육군성에서는 우리 독립군의 방비책으로 만주와 국경지대에 육군 1개 사단의 증설안을 세우고 1925년도 예산으로 2천만 원을 계상하여 정부에 요청하기도 하였다. 또한 평안북도 위원·벽동 등 압록강 연안에는 곳곳에 포대를 구축하고 지하도를 통하여 인

집안현 대양차(참의부·정의부 전투)

근 주재소 등에 연락을 취하게 하는 등 철통같은 방비 태세를 갖추기도 하였다.

넷째, 의용군은 중국 관헌이나 마적(토비)의 횡포에도 맞서 싸워야 했다. 중국땅에 거주하는 독립군 입장에서는 되도록이면 중국 관헌과 대립하지 않으려 노력했다. 그렇지만 일제의 강요와 사주를 받은 중국 관헌들은 공공연히 금품을 요구했고, 응하지 않을 때는 공격했다. 많은 독립군들이 중국의 보갑대나 산림대의 공격으로 피살되거나 무기와 금품을 강탈당하였다. 1922년 의용군 13명을 중국 산림대 400여 명이 습격하여 중대장 서리 김우권을 비롯한 김하성·왕유박 등 10여 명이 사상

당했다. 1923년 7월에는 의용군 30여 명이 통화에서 중국군 40여 명의 포위공격을 받아 김창도 등 4명이 피살된 사건 등은 그러한 대표적인 피해 사례로 볼 수 있다.

또한 1924년 7월 2일 마적들이 야전훈련을 받던 통의부의용군을 습격하여 사령장 신팔균 등 3명이 피살된 '왕청문사변'도 일제의 사주에 의한 것임이 밝혀졌다. 이처럼 통의부의용군은 어려운 조건 속에서도 끊임없는 독립투쟁을 전개하였다.

반면 통의부의용군은 반통의부 세력에 대한 응징을 가하기도 했는데 이는 교민사회의 불안 요소로 작용했다. 통의부는 복벽세력인 의군부와 대립하여 '서간도사변' 등 수차례의 동족상잔을 일으켜 교민사회에 물의를 일으켰다. 후에는 이탈세력인 참의부와도 알력이 생겨 참의부 제5중대장 김명봉과 참의장 백광운이 통의부 일부 세력에 의해 피살되기도 했다. 이와 같은 사건은 독립운동 방략이나 이념의 차이를 극복하지 못해 파생된 불미스러운 결과였다.

국민대표회의 의장을 맡다

남만주에서 대한통의부가 조직되어 김동삼이 총장으로 활동하고 있을 즈음 임시정부는 존폐문제를 둘러싸고 논란이 많았다. 임시정부가 국내에 구축하고자 했던 연통제聯通制와 교통국交通局의 조직은 일제에 의해 대부분 발각되는 등 사실상 활동이 휴면 상태에 들어갔다. 이에 따라 행정조직과 군자금 루트는 붕괴되고 말았다. 미국에서 활동하다가 임시

「국민대표회의 성명서」

정부의 소환에 응한 이승만 임시대통령은 상해에 도착했지만 아무런 성과도 내지 못한 채 6개월 만에 미국으로 돌아가고 말았다. 그가 큰소리치며 기대를 걸게 했던 태평양회의는 한국문제를 거론조차 하지 못하고 끝이 났다. 많은 독립운동가들이 임시정부의 존폐문제를 거론하기 시작했다. 이러한 난국을 타개하기 위하여 안창호安昌浩는 독립운동가들을 대표로 국민대표회의를 구성하자고 제안했다.

이 회의를 제안한 시기는 1921년 2월이었다. 당시 만주지역 독립군은 일제의 만주 대토벌을 피해 러시아 국경을 넘어 자유시로 들어갔다. 만주 일대에서는 이른바 '경신참변'이라는 전대미문의 대학살극이 벌어

김창숙

박용만

신숙

지고 있었지만, 임시정부는 아무런 대책을 세우지 못하고 수수방관하고 있었다.

　박은식·원세훈元世勳·김창숙金昌淑 등은 임시정부를 명실상부한 최고의 독립운동기관으로 개편하여 무장독립투쟁을 지지하고 독립군 부대의 통합과 지휘계통의 체계를 확립하려고 국민대표회의를 요구하였다. 3월에는 안창호와 여운형呂運亨이 이를 실현시키려 나섰고, 4월에는 북경에서 활동하던 박용만朴容萬과 신숙申肅이 군사통일주비회軍事統一籌備會를 거론하였다. 더욱이 북경에서는 이승만이 미국대통령 윌슨에게 '위임통치'를 요구했다는 사실을 들어 맹비난을 퍼부었다. 5월 초에는 김동삼이 활동하던 남만주에서도 이승만의 위임통치설을 문제 삼아 국민대표회의를 소집하라고 요구하였다.

　이러한 배경 위에 국민대표회의를 이끌어낸 인물은 안창호였다. 이승만의 제시에 따라 1922년 2월 워싱턴에서 열린 태평양회의를 지켜보

앉으나 아무런 소득이 없었다. 이와는 달리 같은 시기 모스크바에서 열린 극동민족대표회의는 한국문제를 심도 있게 논의하고 운동의 방향까지 결의하는 등의 결실을 거두었다. 특히 레닌의 자금 일부가 상해로 들어와 국민대표회의를 열 수 있는 자금으로 활용되었다. 그런 바탕 위에 국민대표회의가 1923년 1월 3일 상해에서 열려 6월 중순까지 계속되었다. 이 회의는 중국 관내는 물론 국내·만주·노령·미주 등 독립운동단체의 대표 130여 명이 한데 모인 한국독립운동사상 최대의 민족회의였다. 수개월 동안 지속된 회의는 독립운동 세력 간의 지역적 기반과 운동노선 차이로 분열된 독립운동계의 통일방안과 활동방안을 모색하고자 하였다.

남만주에서도 1921년 5월 6일 액목현에서 열린 회의에서 국민대표회의의 소집을 요구했다. 주요 안건은 상해에 머물던 이승만에게 위임통치설의 근거를 정확히 밝히라는 요구였다. 그동안 임시정부를 지지하던 남만주의 독립운동계가 이승만을 비롯한 임시정부의 정책에 문제점을 제기한 것이다.

국민대표회의의 개최를 맞이하여 서간도 독립운동단체에서도 대표를 파견했다. 김동삼·이진산·배천택·김형식이 서간도 대표로 상해로 갔다. 김동삼은 서로군정서를 대표했고, 김대락의 아들 김형식은 한족회를 대표했다. 『독립신문』 1922년 12월 23일자에는 통의부 총장으로 서간도 서로군정서 대표가 된 김동삼의 상해 도착 소식을 알리고 있다. 당시 임시정부 법통문제를 둘러싼 논란이 계속되자 국민대표회의에 거는 기대가 컸다. 『독립신문』은 사설에서 이 문제에 대하여 다음과 같이 밝히고 있다.

> 아아! 그나마 강토가 있으면 3국이 정립하던지 6국이 병립하던지 오히려 존속할 가치가 있으려니와 촌토寸土와 분권分權이 우리 것이 아닌 금일에 기관이니 법통이니 논쟁함으로 능사를 삼아 식자의 비웃음을 사게 됨은 어리석은 일이 아닌가. …… 행여나 과거 진부한 문제에 빠져 지장을 초래하거나 세월을 허송하지 말기를 바라며 묵은 책장은 덮어놓고 앞으로의 목표를 향하여 하루라도 빨리 왜적을 격퇴하고 국토를 광복할 방침을 수립하여 천명天命과 인의人意를 체현하기를 축원하노라.

이 외에도 『독립신문』은 연일 국민대표회의에 대해 보도하면서 지상중계를 하였다.

1923년 1월 31일 상해 삼일당에서는 90여 명의 국민대표회의 대표와 상해 교민들이 참석한 가운데 '순국 제현諸賢 추도제'가 열리기도 했다. 이 추도제에서 김동삼은 의장 자격으로 식사式辭를 하였다.

그는 국민대표회의에서 독립운동계의 최고 인물로 떠올랐다. 남만 독립군단의 통합 조직인 대한통의부의 총장으로의 위상이 크게 작용했다. 그는 먼저 400여 명의 참가대표들의 자격을 심사하는 업무를 맡았다. 면밀한 심사 끝에 의결권을 가진 대표로 인정된 사람이 130여 명이었다. 제9차 회의가 열린 1923년 1월 18일에 김동삼은 국민대표회의 의장으로 선출되었다. 부의장 두 사람은 좌파와 우파를 대표하는 윤해와 안창호가 선임되었다. 김동삼은 의장뿐만 아니라 군사분과위원으로도 선출되었는데, 남만주와 대한통의부의 군사단체로서 위상이 반영된 인선이었다.

회의는 벽두부터 임시정부를 그대로 유지하면서 실정에 맞게 효과적으로 개편·보완하여 이를 독립운동의 구심점으로 삼자는 '개조파'의 주장과 임시정부를 해체하고 새로운 독립운동기구를 조직하자는 '창조파'의 주장 두 가지가 대립되었다. 임시정부 중심의 정부옹호파의 거센 반대 속에서 5개월여에 걸쳐 회의가 진행되었지만 서로의 이견을 좁히지는 못했다.

김동삼은 김형식과 함께 개조파의 입장에 섰다. 일단 임시정부가 독립운동을 총괄하고 통섭할 체계에 맞게 개조해야 한다는 의견을 가지고 있었던 것이다. 두 가지 주장이 팽팽하게 맞서는 바람에 국민대표회의는 진행 자체가 어려웠다. 파국으로 치닫는 것을 막기 위해 김동삼을 비롯한 핵심 인사들은 쉬운 문제부터 논의하기 위해 분과별 회의를 독려하기도 했으나 결국 두 가지 주장은 강경한 대립을 보이며 결렬되고 말았다.

김동삼은 1923년 1월 17일자 『독립신문』과 인터뷰에서 자신과 서간도 독립운동계의 견해를 소상히 밝혔다.

"나는 당초부터 제2정부가 생기는 것도 용허치 않으려니와 소위 위임통치를 주창한 사람의 소행도 가증스럽게 여깁니다. 그래서 우리가 모지某地에서 회의한 결과 연전 북경에서 모인 군사통일회의에 대하여는 제2정부를 설립치 못할 것을 제의하고 임시정부에 대하여는 위임통치 주장자를 퇴직시킬 것을 제의하는 동시에 전기 양처에서 다 그 제의를 용인치 않을 때에는 한족회는 지체 없이 탈퇴할 것을 예시하였습니다. 정부에서 처음에는 그 제의를 환영하는 듯 하였으나 후에는 냉각冷却하는 회답을 하였습니다. 그러므로 우리 한족회는 부득이 초지初志에 의하여 임시정부와의 탈리脫離를 선포하였습니다."

회의가 창조파와 개조파로 나뉘어 지루한 논쟁이 이어지자 서간도 독립운동계는 대표들을 불러들이기로 결정했다. 두 가지 논쟁이 해결될 기미가 없다고 판단했기 때문이다. 대표 소환령에 따라 의장 김동삼을 비롯하여 비서장 배천택과 이진산·김형식 등은 자리를 사임하고 서간도로 다시 돌아가고 말았다. 『독립신문』 1923년 6월 13일자는 김동삼·배천택·김형식·이진산 등 서간도 한족회와 서로군정서 대표들이 소환을 받고 국민대표회의를 탈퇴하였다고 발표했다.

국민대표회의는 김동삼의 후임으로 북간도 대한국민회 대표 윤해가 의장에 선출되었고, 천도교 대표 신숙과 수청남부 대표 오창환이 부의장에 선임되었다. 창조파가 국민대표회의의 주도권을 장악하게 된 것이다. 이렇게 되자 개조파는 모두 퇴장하여 버리고 무기정회가 선언되었다. 결국 5월 15일 회의를 끝으로 국민대표회의는 사실상 결렬되고 말았다.

창조파는 독자적인 모임을 갖고 국민위원회를 조직하였다. 6월 3일 창조파 50여 명이 성명서를 발표했다. 김동삼은 자신의 이름이 알지도 못한 사이 들어갔다면서 아무런 관계가 없음을 분명히 했다. 그 뒤 창조파는 새로운 정부를 수립한다는 계획을 갖고 블라디보스토크로 떠났다. 1924년 이들은 근거지를 만주로 옮겨 '조선공화국' 또는 '한'이라는 새

박은식

로운 국가를 건설한다고 발표했으나 실현되지 못했다.

임시정부는 창조파의 신정부 건설이 무산됨으로써 두 개의 정부 존립이라는 부담을 덜 수 있었다. 하지만 임시정부로서는 국민대표회의가 아닌 스스로가 체제를 개편해야 하는 상황에 직면하였다. 1924년 6월 우선 임시의정원에서 대통령 유고안을 통과시키고, 8월에는 이동녕 국무총리에게 새로운 내각을 구성하는 직권을 위임하였다.

1924년 12월에 이루어진 내각 개편에서 박은식이 대통령 대리 겸 국무총리에 선출되었다. 박은식 체제하의 임시정부에서는 1925년 3월 10일자로 구미위원부를 폐지하였다. 대통령의 사퇴 권고에 대해 이승만은 어떤 대안도 제시하지 못한 채 국민대표회의가 일부 인사들의 농락 수단이었다고 비난하고 나아가 정부 개편작업을 진행하고 있는 임시정부의 권위를 무시하였다. 3월 18일 대통령 탄핵안이 통과되고, 3월 23일 이승만은 대통령직에서 면직되고 대신 박은식을 대통령으로 선출하는 등 정부 개편작업이 발 빠르게 진행되었다.

탄핵의 요인은 위임통치론을 주장했던 이승만에 대한 부정적인 정서가 북경을 중심으로 만연했다는 점, 대통령이 미국에서 원격 조정하는 기존 체제로는 난국을 극복할 수 없던 상황, 재미동포들의 인구세를 이승만이 한 손에서 쥐고 임시정부에 송금하지 않은 점 등이었다.

결국 새로 선출된 박은식 대통령의 지휘하에 4월 7일 임시헌법 개정안이 통과됨으로써 임시정부는 대통령제가 폐지되고 국무령 중심의 내각책임제로 개편되었다.

처음으로 맏며느리 인사를 받다

이해동은 1923년 봄에 처음으로 시아버지 김동삼을 만났다. 당시 가족들은 김장식의 인도로 삼원포에서 영안현 주가툰으로 이주해 있었다. 김동삼은 이곳에서 맏며느리에게 처음으로 절을 받았다. 김동삼은 이해동을 망명하기 전부터 알고 있었지만 시아버지와 며느리로서 만난 것은 이때가 처음이었다. 이해동의 아버지 이원일은 그의 협동학교 제자이자 동지이며, 인척 관계이다. 그런데도 정작 맏아들 김정묵을 혼인시킬 때 김동삼은 그 자리에 없었다. 그가 참석할 수 없었을 때, 혼인식이 급하게 이루어졌기 때문이다.

이해동은 그때의 일을 다음과 같이 기억하고 있었다.

"처녀 시절에도 시아버님의 명성은 많이 듣고 있었으며 친정 조부님과 부친께도 일송 선생의 이야기를 들었지만, 결혼 때도 뵙지 못하고 직접 상면은 그때가 처음이었다. 키가 훤칠하고 풍채가 늠름한 40대의 중년인 시아버님은 눈빛이 특별히 빛나고 어딘가 모르게 위엄기가 있는 가운데도 퍽 자애로운 분으로 느껴졌다. 시아버님을 처음 뵙고 큰절을 올릴 수 있게 되었고 반찬 없는 조식이라도 내 손으로 대접할 수 있게 된 것이 내 마음엔 퍽 기쁘게 생각되었다. 독립운동하는 분은 집과 처자를 영원히 버려야 하는 것인지 나 역시 그때는 잘 모르고 있었으나 이번

김동삼

에 시아버님이 주가툰에 오신 것은 큰 아들이 성가를 하였고 상면조차 못한 며느리를 보러 온 것이 이유가 아닌가 생각되었다. 그 외에도 북만주에 무슨 운동에 대한 주요한 계획이 있는지는 알 수도 없고 물어 볼 수도 없는 일이었다."

김동삼이 주가툰에서 가족과 함께 보낸 시간은 이틀 낮 사흘 밤이었다. 낮에는 논판을 돌아보고 김장식과는 농사일과 그 밖의 여러 가지 일들을 상의하였다. 아이들의 장래문제와 교육문제도 논의했다. 2년 후 영안현에서 공부하던 작은아들 용묵과 조카 경묵을 통화현으로 옮겨 공부하도록 한 것도 이때 논의된 것으로 생각된다. 김동삼은 집 떠나기 전날 밤 맏며느리 이해동을 방에 불러 따로 말했다. 이해동의 기억을 더듬어 보면 다음과 같은 당부를 하였다고 한다.

나의 살림 솜씨를 칭찬하였고, 마음도 착하다고 치하했으며, 가정이 곤란하고 시모친과 시숙모 두 분은 세상 물정을 모르니 더 살아가기가 어려울 것을 각오하고, 어린 시동생들이 커서 성가할 때까지 맏며느리로서 고생을 참아 달라는 당부의 말씀 가운데는 자신이 가장의 책임을 다 못하는 것을 후대에게 미안한 마음으로 실토하는 뜻이 있는 것으로 생각되었다.

이해동은 그 때의 장면을 선명하게 기억하고 있었다. 시아버지의 말씀이 참으로 간곡하게 들려 오늘도 내 머리 가운데 고스란히 남아 있다고 했다. 당시 이해동은 시아버지 앞에서 송구스런 마음 때문에 답변 한 마디 할 수 없었다. 마지막으로 김동삼은 며느리에게 몸조심을 당부하면서 가지고 온 세루 치맛감 두 벌과 지폐 50원을 내놓았다. 옷감은 치마를 해서 나들이 할 때 입고, 돈은 옷을 해 입던지 다른 데 사용하든지 자유 처사에 맡긴다고 했다.

이해동은 그때 받은 지폐 50원을 아껴 썼다. 돈을 주고 떠난 지 15년이나 지난 후, 아껴썼던 나머지 돈은 김동삼이 서대문형무소에서 옥사하기 직전 병으로 위중하다는 전보를 받고 취원창에서 서울로 떠나는 시동생의 여비로 썼다.

"이튿날 새벽에 시아버님 그림자는 바람처럼 사라졌다. 첫 상면시간이 짧은 3일이지만 내가 모셔본 제일 오랜 기간이었다."

김동삼의 아내 박순부는 그 뒤 태기가 있어 아들 형제를 두고 10년 만에 늦둥이 딸 영애를 낳았다. 그 딸은 독립운동가 후손의 자격으로 1987년 8월 서울에 와서 동작동 국립묘지에서 아버지의 무덤을 향해 큰절을 올렸다.

통의부 분열을 종식시키고 정의부를 조직하다

통의부는 3·1운동 이후 남만지역의 독립운동단체와 독립군단이 가장 폭넓게 통합을 이룩해 성립시킨 단체라고 볼 수 있다. 그러나 연합체적인 성격이 강한 관계로 성립 초기부터 구성원 각자의 이념과 노선의 차

이를 보여 왔다. 특히 주요 간부들 사이에 공화와 복벽이라는 이념 갈등과 군권의 장악을 둘러싼 인선과 조직상의 이견이 나타나게 되었다.

이와 같은 갈등과 불화의 중심은 복벽과 공화라는 이념을 대표하는 전덕원과 양기탁이었다. 전덕원은 의병대장 유인석의 문인으로 일찍이 국내의 관서지방에서 의병을 모아 활동하였으며, 국권피탈 후에는 만주로 건너가 대한독립단의 재무부장으로 활약하는 등 남만지역 의병계 독립군을 주도하며 추앙을 받던 인물이었다. 반면 양기탁은 국내에서 구국계몽운동을 주도적으로 이끌었다. 1921년 말 만주로 망명한 후에는 남만 독립운동단체 통합운동을 주도하면서 교민사회를 대상으로 구국계몽활동을 전개하는 등 영향력을 확대해 왔다.

두 사람 사이에는 독립운동의 방략이나 이념상 차이가 있었으니 전덕원은 절대 복벽주의를 추구하는 인물이고 양기탁은 철저한 공화주의를 표방하던 인물이었다. 이러한 상황에서 통의부 창립 초기 인선에서 전덕원 일파는 요직에서 배제되고 전덕원에게 할당된 직책도 허울뿐인 참모부감이었다. 더욱이 8개 부서의 부장 가운데는 나이 어린 오동진도 포함되어 있다는 것이 불만을 더욱 고조시키는 요인이었다. 자신은 재만독립군 사회의 실력자로 자인하고 있었으나 원래 고집이 강하여 신진 청년들과 잘 융합되지 못하던 중 직위에 불만을 품고 취임치 않은 관계로 전덕원 계열의 부하들도 통의부에 가담하지 않은 채 관망 상태를 취하고 있었다.

이러한 갈등과 불만이 결국 무력 충돌을 가져오게 하였다. 이 사건을 흔히 '서간도사변'이라고 하는데, 대한민국임시정부의 『독립신문』에서는 이 사태에 대해 분석하였다.

신설되는 통의부가 국체는 '민국民國'으로, 정권은 신진 인물에게로 쏠리게 되자 복벽계 인사들 간에 그들의 의견은 반영되지 않을 것을 알고 차라리 신진의 인물들을 제거하여 자신들의 지위를 유지하는 것이 상책이라고 했던 듯하다.

사건이 발생한 직후 당사자인 전덕원과 양기탁이 원만한 해결에 노력하였고, 임시정부에서도 사건의 중대성을 고려하여 박은식·안창호·이동녕·원세훈 등 주요인사 40여 인이 회합을 하고 조문단과 진상조사단을 현지에 파견하기로 합의하였다.

이 사건은 또한 통의부 상하부간의 구조적 모순에서 비롯된 것으로 볼 수 있다. 즉 지도층인 상층부의 중앙조직은 공화 계열이 주도하고 직접 무력을 행사하며 군사동원의 자율권도 행사하는 일선의 의용군 중대장급 지휘관들은 복벽적 성향을 가지거나 중도파를 표방하는 인물들이 차지하고 있는 것이 그것이다.

쌍방 간에 합의와 조정의 노력에도 불구하고, 이 사건 이후 통의부 내의 복벽 계열과 공화 계열 사이에 대립은 악화되었다. 그해 12월 하순에는 쌍방 간에 교전이 일어났다. 더욱이 이듬해 1월에는 홍묘자 방면에서 대규모 유혈사태가 일어나기도 하였다. 이에 따라 전덕원을 비롯한 복벽파 계열의 인사들인 채상덕·김평식·오석영·박대호 등은 1923년 2월 환인현 대황구에서 통의부 탈퇴를 선언하고 새로이 '의군부'를 설립하였다.

통의부가 의군부와 서로 반목하여 분립될 때 의용군 5개 중대와 유격대·독립소대는 중립적 태도를 취하며 관망하고 있었다. 그러나 양 단체는 교민 호수의 쟁탈과 관할지역의 중복으로 경쟁이 되면서 서로 상충될 수밖에 없었다. 뿐만 아니라 국내에 진입하여 활동을 마치고 귀환 중인 의군부 유격대장 이경일 부대가 통의부의 군대에게 습격 받은 사건이 발생하였다. 즉 유격대장 이경일은 국내진공작전을 마치고 20여 명의 대원을 인솔하고 압록강을 건너서 본영으로 돌아가다가 관전현 포수하변 등에서 통의부의 김석하 부대의 습격을 받는 사건이 발생했다. 이로써 이경일·장집중·박초식·김상수 등 역전의 의군부 대원들은 곳곳에서 잠복한 통의부 군대에게 살상당하고 결국 모금한 군자금과 무기가 모두 탈취되는 불상사가 일어났다.

이와 반대로 의군부에서도 통의부 부대의 무기를 강탈하고 군인을 구타하는 등 충돌이 끊이지 않았다. 통의부의 이러한 분열사태에 대해서 지금까지 중립적 태도를 지켜오던 통의부 의용군 제1·2·3중대는 유격대·독립소대와 더불어 각 중대장을 중심으로 사태의 해결을 논의하였다. 1923년 6월 이들은 집단적으로 통의부와 관계를 끊고 항일운동의 새로운 방법을 모색하게 되었다.

1923년 8월 통의부 의용군 제1·2·3·5중대가 채찬·조능도·박응백·김원상·조태빈 5명의 통의부 의용대 각 중대 대표를 임시정부로 보내 그간의 전말을 보고하고, 전 광복군사령부의 계통을 이어 임시정부 군무부 직할의 남만군단으로 인정해 줄 것을 요청하였다. 임시정부의

참의부 군부대원

입장에서는 1923년에 국민대표회의로 심각한 타격을 받았고 또 이승만 대통령에 대한 불신임 문제 등으로 활동이 극도로 쇠잔해 있었던 형편이었으니 크게 환영할 수밖에 없었다. 임시정부는 전 광복군사령부 설립에 관여했던 독립신문사 사장 김승학과 이유필을 파견하여 남만 군단 조직에 적극 협조하게 하였다. 그 결과 1924년 5월 대한민국임시정부 '육군주만참의부'가 결성되었다. 결국 통의부의 1차 분열로 의군부가 설립되었다면, 2차 분열로 참의부가 성립된 것이라고 볼 수 있다.

한편 의용군 제1·2·3·5중대가 대거 이탈한 후에 통의부는 곤경에 처했다. 그러나 곧 재정비에 착수하여 이탈에 응하지 않았던 제4중대를 중심으로 제5·6·7·8중대를 새로 편성하여 이전과 같은 5개의 중대를 유지하였다. 그러나 참의부와 알력과 대립은 그치지 않았다. 1925년 6월 참의부가 발표한 성명서에 따르면 반목과 질시가 계속되었음을 볼 수 있다.

그리하여 동 참의부는 설립 이래로 실천운동에 다대한 성공을 거두었다. 압록강 상류에서 사이토齋藤 총독을 저격하고 밀정 최정옥을 토벌하는 등의 사적을 남겼다. 그런데 통의부의 간부들은 참의부를 질시하여 남만군단이 임시정부에 종속한 것을 치욕으로 여겨 성토문을 발표하고, 음력 7월 2일 밤 참의부 제5 김명봉 대를 습격하여 간부 김명봉 이하 2인을 암살하고 무기를 강탈하여 암살단을 사방에 난파하며, 중앙에 내습하여 참모장 채찬(백광운)을 참살하고, 조선 내에 들어가 적의 기관을 파괴하고 만주로 돌아오는 중인 김정옥 외 4인을 압록강 기슭에서 사살하여 무기 및 군자금 3만여 원을 탈거하는 등의 불상사가 다대하였으나 ……

결국 1924년 10월 18일 통의부 제6중대장 문학빈 일파인 변만리에 의해 참의부 참의장(제1중대장 겸임) 백광운이 피살되기에 이른다.
이와 같이 통의부의용군 5개 중대는 이후 동요와 이탈을 겪으면서 대부분 임시정부 군무부 산하의 육군주만참의부에 참여하게 된다. 제4중대를 포함한 일부 군인들은 통의부의용군을 다시 재정비하여 정의부가 성립될 때는 5개 중대로 성장하게 되었다.
이보다 앞서 1923년 여름 만주로 돌아온 김동삼은 상해에서 있었던

통의부의용군 훈련광경

국민대표회의가 결렬되는 모습을 보고 만주지역 독립운동계를 통합하는 작업에 착수하였다. 만주 독립운동계의 지도자인 이상룡과 양기탁의 주도하에 진행된 통합운동에 따라 우선 전 만주의 독립군단을 하나로 통합한 후 대규모의 토지를 매입하여 둔전병제를 실시, 산업을 일으키면서 군사를 양성하는 실력양성을 계획하였다. 그리고 통합 후 또 다른 분열의 소지를 줄 공산주의자들을 완전히 배격하기로 합의했다. 그 결과 1924년 3월 하순에 전만통일회의주비회를 조직하였다.

주비회는 각 단체의 통합을 위해 노력한 결과 1924년 7월 10일과 10

월 18일 두 차례에 걸쳐 대표회의가 열렸다. 참가한 단체와 대표는 다음과 같다.

서로군정서 대표 : 이진산·이광민   길림주민회 대표 : 이욱
대한광정단 대표 : 김호·윤덕보   대한독립단 대표 : 이장녕·윤각
대한통의부 대표 : 김동삼·이종건   노동친목회 대표 : 최명수
의성단 대표 : 승진   잡륜자치회 대표 : 윤하진
고본계 대표 : 신형규   학우단 대표 : 김철

이들 10개 단체 대표들은 회의 의장으로 통의부 대표 김동삼을 선출하고 새로운 독립군단의 명칭과 이후 새 군단의 운영방식 등에 대해 논의하였다. 회의 이후 대한독립단과 학우회는 단체의 사정에 따라 중도에 탈퇴하였다. 우여곡절 끝에 통합에 합의한 8개 단체는 1924년 11월 24일 화전현에 모여 전만통일회를 개회하고 정의부를 발족하기로 합의하였다. 그 합의 사항은 다음과 같다.

① 본부의 명칭은 정의부로 한다.
② 본부의 헌장을 제정하여 공포한다.
③ 본부의 창립기념일은 1924년 11월 24일로 한다.
④ 본부의 연호는 기원연호를 사용하는 것으로 한다.
⑤ 본부의 회계용 화폐는 봉소양奉小洋으로 한다.
⑥ 매년 예산안을 편성하여 그에 의하여 예산을 집행한다.

宣言

中華民國各界同胞諸位均鑒 現在南滿方面 居住數十萬韓僑 被日本帝國主義國之淫威兼毒政 苛之慘 將不知何日何時 為日本帝國主義國之淫威兼毒政 壓迫 愈陷愈急於 萬劫不回 水深次

某南滅盡焉 全中國四萬之同胞諸位
最親愛之 全中國四萬之同胞諸位

歷史上最親密之 東省中國同胞諸位
彼日本之帝國主義 世界弱小民族之宿敵 甲辰乙巳申
牛洪駢淸迫 陳中韓交而餘若韓國 甲辰乙巳戰勝餘威
强占中國領土一部遼東半島 欲逐此目標而遇東韓兩國 勢而後力成爲 欲逐其帝國主義野心 以減韓爲俊蓉中國之第一目標
韓兩國 勢而後力成爲 說得無碍
席捲領地而 利用老官僚之陣萬
土地肥沃而 利用老官僚之陣萬
師結不平等條約 勒借昆族內治 竟至此日標而 覓漆州礦產鐵道
干渉的内政 財政的亂 仗出兵山東 占據濟南府
此的 親此 金融資本之 出兵山東 繼犯中國
菜東亞 日進財富 其猖獗大罪 不止於此而
日本帝國主義 以侵略滿洲爲國是 條約的滿期通告等不拘
兵滿洲 橫行降其 日進財富 其猖獗大罪 不止於此而
建設還鐵路圖奉天問題 其猖獗大罪 不止於此而
旣驅逐其在國外 以朝鮮爲抱國奉安問題
彼驅逐其在國外 臨時小法突然其傷心病狂
撤廢不平等條約 條約的滿期通告等不拘
的國際態度 無非 來亞弱小國家南
彼日本帝國主義 一旦不仁 彼壓迫民族 永無一日之共存
同榮矣

今 日本帝國主義之 壓韓國内地 搾取繼樺 實奪吾民有之各耕土地
治權 經濟權 造華使朱民有之各耕土地 不明號布指計數字外
日人之所出土地 寃上含韓耕地面積中百中六十 其年 增加勢乎
必要選出居 以韓民之故逐迫國外 返來予計以極多基途惡法
旣驅逐韓民而 繼以追迫國外 見機虐殺 隨時捕捉 因監中
偵探違捕 萱圖賊子 盡力財對其雜後 利用賣國賊子
傷離間等 見機虐殺 隨時捕捉 因監中
春蓁 朴文祥 金重明等歐流 俊已金融組織所謂
相扶會 相愛會 李華 惠芬勞動團體 根據大連
天有城等地 設本部或支部 大肆故縱 共主要目的在
第一為日

一 朝鮮中韓民衆 堅固團結
一 打倒日本帝國主義
一 隨對反抗日本駐屯軍反滿蒙優暴政策
一 撲滅賣國賊子慈勞團體

中華民國完全解放萬歲
韓國獨立完成萬歲
世界被壓迫民族解放萬歲

一九二八年八月　日

正義府

⑦ 정의부의 운영을 위한 모연募捐은 폐지한다.
⑧ 공농제公農制를 실시한다.

정의부는 본부를 유하현 삼원포에 두고 각 단체에서 넘어온 인계사항을 받아 새로운 통합 군정부로서의 업무를 시작하였다. 8개 단체의 통합으로 하얼빈 이남 40여 개의 현에 이르는 광대한 관할지역과 수많은 한인사회를 포용하며 새로운 통합 독립군단으로 출발한 정의부는 중앙 부서를 조직하였다.

중앙행정위원장 : 이탁
위원 : 김동삼·김용대·김이대·오동진·윤병용·이진산·지용기·
　　　현정경
중앙심판원장 : 김응섭
민사위원장 : 현정경　　　군사위원장 : 지청천
법무위원장 : 이진산　　　학무위원장 : 김용대
재무위원장 : 김이대　　　교통위원장 : 윤병용
생계위원장 : 오동진　　　외무위원장 : 김동삼

한편 군정부를 표방한 정의부의 군사체계는 매우 중요한 부서인데, 군사부와 그 소속하에 있는 의용군 사령부의 조직은 다음과 같다.

군사위원장 겸 사령장 : 지청천(사령관 후임 오동진)

군사위원 : 김경달·김만동·김세준·홍익선·황학수
사령부관 : 김창헌
제1중대장 : 문학빈　　　제2중대장 : 안홍
제3중대장 : 김석하　　　제4중대장 : 김창헌
제5중대장 : 김강우　　　헌병대장 : 김석하

　김동삼은 대표회의 의장을 맡아 정의부 결성의 주역으로 역할을 수행하였다. 정의부가 결성된 이후에는 외무위원장·학무위원장·교육위원장으로 정의부 핵심의 주요 요직을 번갈아 담당하면서 교민들의 자치와 교육에 주력했다. 특히 교민들에게는 자녀교육의 의무를 부여하였는데, 이를 실천하기 위해 관내 지역에 한인 촌락마다 소학교를 세워 의무적으로 초등교육을 시켰다. 또한 각 지역에 중학교를 설치하여 교민들의 교육열을 진작시키기도 했다.
　1925년 여름 정의부가 한때 분란에 휩쓸리는 일이 일어났다. 남만 독립운동의 지도자인 이상룡이 대한민국임시정부의 국무령으로 선임된 것이 그 발단이었다. 이승만이 임시의정원에서 탄핵을 받아 대통령직에서 물러난 것은 앞에서 살펴보았다. 임시정부에서는 박은식을 대통령으로 선출하고, 이어서 헌법을 개정하여 국무령제를 실시하기로 결의했다. 이에 따라 선임된 인물이 바로 이상룡이었다.
　그는 고민 끝에 대한민국임시정부를 살려야 한다고 판단하고 상해로 가서 국무령에 취임하였다. 그러나 정의부 안에서 반대 여론이 대두하고 중앙집행위원회와 중앙의회 사이에 대립이 생겼다. 거기에는 두 가지 이유가 있었다. 하나는 정의부 스스로 남만주 한인사회를 장악하고 있는 통합정부라는 입장이고, 다른 하나는 중국 내에서 한민족의 통일 군정부라는 자긍심이었다. 더구나 임시정부의 실체는 이름값도 제대로 하지 못하는 상황이었기 때문에 비교가 되었다. 이상룡이 상해로 가서 국무령에 취임하고 내각을 구성하려 했을 때 실제로 부임하는 인물이 없었던 이유가 여기에 있었다.

이상룡은 만주지역에서 활동하던 인물을 국무위원으로 선임했다. 김동삼·김좌진·오동진·윤병용·윤세용·이탁·이유필·조성환·현천묵 등이 그들이다. 하지만 이들이 모두 상해로 간다면 만주지역 독립운동 전선에는 커다란 공백이 생기게 된다. 더구나 그때는 일제가 만주 군벌과 '삼시협정'을 맺어 한인 독립운동 세력을 압박하는 형편이었다.

이러한 불똥은 정의부 내에서 일어났다. 1925년 말 제2회 중앙의회가 중앙행정위원회에 대해 불신임안을 제출하자 중앙행정위원회는 이에 맞서 중앙의회 해산을 결정하고 총사퇴하게 되었다. 이런 상황에서 1925년 10월 10일 자로 임시정부의 국무위원으로 선임된 김동삼은 선뜻 상해로 부임할 수 없었다.

한편 김동삼은 북만주 하얼빈 부근에 안동사람들의 정착촌 건설을 구상하였다. 정착촌 건설은 그의 오랜 꿈이자 새로운 독립운동 방략의 일환이기도 했다. 그러한 노력의 결실로 1926년 취원창 농장이 건설되었다. 취원창은 하얼빈에서 동쪽으로 70여 리 되는 곳이다. 취원창의 동쪽을 흐르는 비극도강을 막아 보를 만들고 동쪽에는 하동농장, 서쪽에는 하서농장을 개간했다. 이를 하나로 묶어 취원창 농장이라 불렀다.

취원창 농장은 안동을 비롯한 경상도인들이 주류를 이루었다. 김대락의 아들 김형식은 학교를 세우고 교장을 맡았다. 그의 종질인 김문로가 하서농장의 흥농회장을 맡았고, 김문로의 동색 김천로도 합세했다. 이상룡의 조카 이광민도 이곳을 드나들며 힘을 실었다. 취원창은 그렇게 안동사람들의 새로운 정착지이며 새로운 독립운동기지가 되었다.

김동삼은 1927년 4월에는 김이대·현정경 등 정의부 간부 30여 명과 함께 농민호조사農民互助社를 결성하였다. 농민호조사는 관할 지역 한인들의 생계·교육·보건 등의 생활 전반을 정의부 간부들이 솔선 참여하여 개선하고 향상시키려는 의도에서 조직한 단체이다.

농민호조사에는 안창호도 가담하고 있었다. 그는 1925년부터 만주지역에 대농장을 경영하여 이상촌을 건설하겠다는 계획을 세우고 자금을 모으고 있었다. 2만여 원의 자금을 확보한 안창호는 사람을 보내 토지를 확보하기 위해 액목현 교하를 지목하고 있다가 1927년 초 길림에 도착하여 정의부 간부들과 협의하였다. 그리고 대동공사에서 500여 명이 참가한 가운데 안창호의 강연회가 열렸다. 이를 탐지한 길림성 주재 일본영사관이 중국 측에 강력하게 이들의 검거를 요구하는 바람에 김동삼과 안창호를 비롯하여 175명이 체포되는 사태가 벌어졌다. 이 가운데 133명은 곧 석방되었으나 김동삼·안창호·오동진 등 중진급 인사 42명은 풀려나지 못했다. 일제가 이들을 인도해 달라고 강력하게 주문하는 바람에 최악의 위기가 닥쳤다. 임시정부를 비롯하여 만주 전역의 동포 지도자들이 나서서 이들의 구명운동을 전개하였다. 그 덕분에 이들은 21일 만에 모두 풀려날 수 있었다. 이를 '길림사건'이라고 한다.

05 다시 통합운동에 나서다

유일당운동과 삼부통합운동에 나서다

1921년 4월 북경의 군사통일회의와 1923년 국민대표회의가 실패로 끝난 후 효율적인 항일운동을 위해서는 민족운동세력을 통일하는 것이 급선무라는 것이 한국 독립운동계의 공통된 시각이었다. 이러한 협동전선운동은 1926년 후반부터 본격적으로 추진되었다. 1926년 8월과 9월 안창호와 원세훈이 만나 이념과 노선을 초월한 민족의 대동단결을 촉구하였다. 원세훈은 북경을 중심으로 사회주의 활동을 하던 인물이다. 이들은 그해 10월 10일부터 3차에 걸친 회합을 갖고 '대독립당조직 북경촉성회'를 조직하였다. 북경촉성회가 조직되자 이에 영향을 받은 중국 관내의 독립운동자들은 1927년 4월 상해에서 한국유일당 상해촉성회를 조직하는 등 민족유일당운동은 광동·무한·남경으로 퍼졌고, 만주지역으로까지 확산되었다.

만주지역에서는 1925년 6월 삼시협정 체결을 계기로 한인사회 전반에 대한 중·일 군경의 탄압이 가중되고, 한편으로는 공산주의 세력이 급속히 신장하면서 그들의 독자적인 기반이 확충되는 상황에서 관내의 민족유일당운동에 큰 영향을 미쳤다.

앞에서 살펴본 대로 1927년 2월 안창호는 만주 길림에서 재만한인 500여 명이 운집한 가운데 민족의 대동단결을 역설하였다. 안창호는 정의부를 비롯한 재만독립운동단체의 지도자들과 협의하고 전민족유일당운동을 구축하기 위해서는 우선 만주에서 민족유일당을 결성하여야 한다는 것을 절감하고 이를 추진하였다.

이에 따라 1927년 4월 15일 길림 신안촌의 길흥학교에서 고할신·김동삼·문학빈·양세봉·오동진 등 정의부 간부를 중심으로 남만청년총동맹·한족노동당의 대표를 포함한 52명의 좌·우익 대표들이 참석한 가운데 제1회 대표자대회가 소집되었다.

대표들은 의장에 이탁李沰, 서기에 고할신·최동욱을 선임하고 협의를 거쳐 강령과 서약문 초안을 제정하였다. 그러나 각 대표들은 민족주의와 사회주의의 이념을 합일한 최종안을 만들지 못하고 회의를 마쳤다. 결국 대표들은 민족유일당을 조직하기 위한 준비기관으로 '시사연구회'를 조직하고 김응섭·박병희·이일세·이탁·최동욱 등을 대표위원으로 선출하여 이들의 책임 하에 방안을 강구토록 하였다.

시사연구회가 전 만주 민족유일당 성립을 위한 방안을 준비하는 중에 1928년 1월 홍진과 정원이 상해와 북경에서 파견되어 만주지역의 독립운동자들과 연합한 유일당을 결성하려고 노력했다. 이들은 남만 각 단체를 방문하고 민족유일당 성립의 필요성을 역설하였다. 또한 정의부에서는 그해 4월 중앙집행위원인 김동삼과 김원식이 신민부를 방문하여 '광복의 제일요체는 혈전血戰인 바 혈전의 숭고한 사명 앞에는 각 단체의 의견과 고집을 버려야 할 것이며 독립군이 무장하고 입국하여 광복전쟁을 감행하기 전에 세 단체의 군부가 합작하지 않으면 안 된다'라고 민족의 대동단결을 역설하였다. 한편 이에 앞서 1927년 12월부터 이듬해 1월 중에 만주지역의 핵심 무장세력을 이끌던 정의부 간부 오동진(1927년 12월 16일 길장선 홍도진역에서 피체)과 신민부 간부 김혁·유정근(1928년 1월 25일 중동선 석두하자역에서 피체) 등이 일제 경찰에 의해 체포되는 사건이 일어났다. 이 사건으로 만주에서 활동하던 독립운동단체들은 동요하기 시작했고 더욱 각 단체의 제휴가 절실함을 느끼게 되었다.

그러한 결과로 1928년 5월 12일부터 길림 화전현에서 정의부 외 18개 재만단체 대표자 39명이 회합하여 민족유일당 조직을 위한 회의를 개최하기에 이르렀다. 이들은 고할신·김동삼·김상덕·최동욱·현익철·현정경 등 21명을 집행위원으로 선출하고 간장簡章제정·재정문제·시국문제 등에 있어서는 회의가 순조롭게 진행되었다. 그러나 민족유일당을 결성하기 위한 방법론에서 각 대표들 간에 이견이 속출하였다. 각 대표들은 자신들이 속해 있는 단체의 사정과 형편에 따라 통일의 방법을 달리 생각했기 때문이다.

대표들에 의해 제기된 통일방법론은 세 가지로 요약할 수 있다. 첫째는 단체본위조직론이다. 단체본위조직론은 장차 성립될 민족유일당이 기존의 군소단체를 기초로 하여 그들을 연합하는 방식으로 조직되어야 한다는 것이다. 둘째는 단체중심조직론이다. 이것은 단체본위를 변형

한 것으로 단체본위조직일 경우 각 단체 연합회의 성격을 띠게 되므로 민족유일당이 될 수 없으며 당 조직은 반드시 기성 단체 중 가장 권위가 있고 역사적 전적을 가진 유력한 단체를 중심으로 군소단체가 종속되어 결합한 다음 점차 그 세력을 확대해 나가야 한다는 논리이다. 셋째는 개인본위조직론이다. 개인본위조직론이란 종래의 유력한 운동단체는 대부분 지방적 색채나 파벌적 색채가 강하므로 군소단체를 본위로 당을 조직하게 될 경우 반드시 당파전의 소굴이 될 것이다. 또한 기성 단체 중에는 다른 단체를 영솔할 만한 실력과 권위가 있는 중심적 단체란 있을 수가 없다. 따라서 유일당은 이러한 단체들을 모두 해산하고 개인본위로써 조직되지 않으면 안 된다는 주장이다.

이 회의에 참의부와 신민부 대표는 참석하지 못하였다. 참의부의 경우는 대표자를 선출하여 파견하였으나 중국 측의 경비가 삼엄하여 중도에 참석을 포기하고 귀환해야 했다. 게다가 신민부 대표 신숙도 회의가 종료된 후에야 회의장에 도착하여 참석하지 못했다.

이처럼 통일방법론에 대한 대표들 간의 의견 차이는 좁혀지지 못한 채 민족유일당 성립을 위한 회의는 큰 성과를 거두지 못하고 끝났다. 앞에서 언급한 세 가지 방법 중 단체중심조직론은 어느 기존 단체 하나에 모두 규합하자는 것이므로 자연히 동조자가 적어 첫 번째 이론은 소멸되었고, 결국 개인본위조직론과 단체본위조직론만 남아 서로 대립하였다. 따라서 개인본위조직론을 주장하는 자들은 전민족유일당촉성회(이하 촉성회)를 결성하였고, 단체본위조직론을 주장하는 자들은 전민족유일당협의회(이하 협의회)를 결성하기에 이르렀다.

촉성회 측은 협의회 측의 단체본위조직을 거부하는 이유에 대해, 조국광복을 위해서는 민족의 역량을 한 곳으로 집중하는 강력한 군사력이 전제가 되는 중앙집권적인 단체를 구성해야 한다고 주장했다. 그러나 단체본위조직으로 유일당을 성립시킬 경우, 각 군소단체의 연합적 성격이 강해 강력한 힘을 발휘하기 어려워 강력한 중앙집권적 체제를 구축하지 못할 것이라는 반론도 있었다.

대체로 협의회 측은 정의부를 중심으로 주로 민족주의 계열이 주축을 이루고 있으며 촉성회 측은 청년동맹을 중심으로 사회주의 계열이 주류를 이루고 있다. 이러한 민족유일당을 조직하기 위한 운동은 참가단체들의 의견이 합치되지 못했고, 때마침 국제정세의 변동으로 인하여 결국 성공하지 못했다. 또한 만주의 유력단체인 참의부와 신민부가 참여하지 못하여 재만독립전선을 총괄하는 유일당으로서의 한계성을 노정하게 되었다. 그러나 민족유일당운동이 결렬된 후에도 민족통일전선 구축을 위한 노력은 민족주의 계열 인사들에 의하여 꾸준히 지속되어 마침내 만주의 유력단체인 참의부·정의부·신민부 등 3부를 중심으로 삼부통합운동이 본격적으로 전개되었다.

민족유일당운동이 무산되자 협의회 측의 중심세력이던 정의부는 유일당운동에 참가하지 못했던 참의부와 신민부를 결속하여 민족진영내의 통일을 실현하고 나아가 재만항일단체들에 대한 영도권을 장악할 목적으로 삼부통합운동을 전개하였다.

정의부는 참의부와 신민부에 연락하여 1928년 9월에 길림 신안툰에서 삼부통합회의를 개최함으로써 민족진영의 유일당운동은 삼부통합의 새로운 형식으로 출범하였다.

　참의부에서는 8월 중에 참의장 김승학을 비롯하여 김소하·김강(박창식) 등 3인을 대표로 선임하여 삼부통합회의에 파견하였다. 회의는 신민부의 대표자격문제로 지연되었다가 11월 초순에야 개최되었다. 그런데 단체본위조직론을 주장해 온 정의부는 참의부와 신민부가 참가한 이번 회의에서도 여전히 같은 논리를 주장하였다. 이는 정의부의 세력이 참의부나 신민부에 비하여 우세한 점을 이용하여 삼부의 주도권을 장악하려는 목적이었다. 하지만 참의부와 신민부는 이것을 정의부로의 합병으로 보고 동의하지 않았다. 이번 회의에서 참의부와 신민부는 다음과 같은 의견을 주장하였다.

① 신민부·참의부·정의부를 완전히 해체할 것
② 과정 조직으로서 잠시 기타의 잔무를 정리 청산할 것
③ 촉성회 대 협의회의 분규를 타파하고 전만 일반의 대당 주비를 실행할 것
④ 이주민의 귀화를 장려하고 특수한 자치권을 획득할 것

　참의부는 민족유일당운동 과정에서 나타난 촉성회와 협의회의 분규을 타파하고 이를 바탕으로 '전만일반의 대당'을 결성하려고 하였다. 이것은 협의회를 지지하고 있었던 정의부의 입장과는 상반되는 것이었다. 결국 정의부는 현존의 각 단체를 그대로 하고 유일당을 촉진하기로 하는 단체본위조직론을 주장하였다. 즉 세력이 큰 단체를 중심으로 통합단체를 결성하자며 양보하지 않자 참의부·신민부와 정면충돌이 발생하였다.

　삼부가 민족주의 진영의 존속에 관계되는 중대한 문제를 둘러싸고

논쟁을 거듭할 때, 참의부에서 뜻밖에 대표소환 문제가 발생하였다. 즉 참의부 본부로부터 대표 김소하를 반동 적탐의 죄명으로 사형을 판결하고 정의부에 그 집행을 위탁하였다. 그리고 파견 대표 전원을 소환하겠다고 제기하였다.

　참의부 내에 이러한 내분이 일어난 데에는 나름의 원인이 있었다. 참의부는 동족상쟁을 타파하려는 열혈군인들이 단순히 임시정부 산하에 통일적인 군단을 형성할 것을 목적으로 결성되었기에, 통일된 정치강령이나 종지宗旨가 없었다. 또한 설립초기에 백광운·김명봉·최석순 등 중견 지도자들을 잃어, 제각각의 계파 출신들 사이에 존재하던 갈등과 대립이 점차 표면화되었던 것이다.

　무력파로서 실권을 장악하고 있던 김소하는 민사부장·군수부장·제1중대장이라는 절대적인 중책을 가지고 다른 무력파, 즉 천마산대 출신인 심용준·최지풍을 배척하여 최지풍은 지방행정위원회로 따돌림을 받았고 심용준도 잠시 중심세력에서 물러나게 되었다.

　이때 임시정부로부터 참의장으로 임명된 김승학은 김강(박창식)·김봉문(운남강무학당 출신)·이종혁(마덕창, 일본 육사 출신) 등 신흥 장교들을 초빙하여 군사위원에 추대하고 또 비교적 온건한 한인자치를 주장하던 한의제(박희빈) 등도 중용하여 기존의 각 세력과 연합하여 중흥을 위해 노력하였기에, 심용준은 복직되고 갈등도 어느 정도 완화되었다. 하지만 참의부내에는 급진적 무장투쟁을 주장하는 '급진파'와 온건한 한인자치를 주장하는 '온건파', 그리고 내부에서 세력 확장에 힘쓰던 '공산주의파'의 갈등이 내재하고 있었다.

결국 이러한 문제점은 김승학 등 대표 3인이 삼부통합회의에 참가하기 위해 길림으로 간 직후 터지고 말았다. 즉 9월 18일에 군사위원장 이종혁이 봉천에서 일본관헌에 체포되자 참의부의 내부에는 잠시 지도력의 공백상태가 나타났다. 이때 평소의 쌓였던 암투가 노골화되어 9월 초순, 심용준은 무력권의 중심인물의 한 사람인 중앙경호대 대장 차천리를 암살하고 참의부의 영도권을 탈취할 목적으로, 김소하에게 사형을 선고하고 정의부에 그 집행을 위탁하는 동시에 김강 등을 참의부로부터 추방할 것이라고 공공연히 말하였다. 이에 대응하여 김소하 등은 대표권을 포기하고 본지로 귀환하여 심용준을 암살하려고 하였다.

한편 신민부에서는 대표권 항쟁문제가 발생하였다. 신민부에서는 이 삼부통일회의에 응답하여 대표를 파견하려고 하였으나 민정파와 군정파의 내분으로 인하여 단일 대표를 결정하지 못했다. 신민부 내분의 배경에는 '빈주사건'이 있었다. 즉 1927년 10월 20일 빈주에서 한인 40~50명이 회합하여 군정파 보안대의 무력행동에 대해 자위책을 협의하던 중 군정파에서는 이를 자신을 반대하는 운동을 모의한다고 판단하고 무장대를 파견하여 황혁 등 수명을 사살하고 다수의 사람에게 중경상을 입힌 사건이 일어난 것이다. 따라서 신민부의 민정파에서는 신숙·김돈 등을, 군정파에서는 김좌진·정신 등이 파견되어 대표 자격을 놓고 서로 상대방을 부인하는 일이 발생하였다.

삼부통합운동이 실패한 원인은 참의부 대표의 소환문제와 신민부 대표권 항쟁문제 등 외부적인 문제도 있지만 내면에는 정의부가 영도권을 장악하려는 야심을 참의부와 신민부가 반발한데에도 기인한다고 하

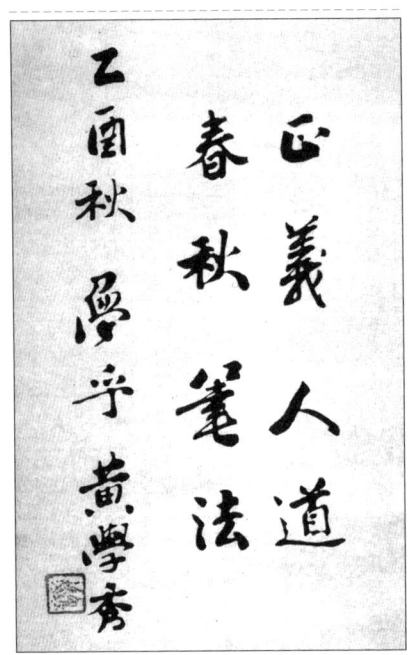

황학수 유묵(정의인도 춘추필법)

겠다. 삼부통합을 달성하기 위해 개최했던 통합회의는 결국 본회의를 개최하지도 못한 채 결렬되었다. 따라서 삼부의 대표들은 1928년 11월 초에 통합회의가 결렬되었음을 발표한 후 해산하고 말았다.

삼부의 구성원들은 1928년 11월의 통합회의가 결렬된 후 서로 이념이 일치하는 인사들끼리 기존 단체의 구애를 받지 않고 모이기 시작하였다. 그리하여 1928년 12월 하순에는 정의부 탈퇴파(김상덕·김동삼·김원식·배활산·지청천 등)와 신민부의 군정파(김좌진·김종진·정신·황학수), 그리고 참의부의 주류파(김소하·김승학·박창식 등)가 연합하여 혁신의회를 조직하였다. 이 단체는 새로운 정식의 기관을 조직하기 전까지 약 1년 이내 운영될 과도기적인 임시기관이었다.

이처럼 김동삼이 속했던 정의부에서는 정통성과 조직 기반을 들어 만주의 실권을 장악하려고 협의회 조직을 주동하였다. 그러나 김동삼의 견해는 이와 달랐다. 기존 단체를 그대로 두고 통합을 한다면 완전한 통합체를 만들 수 없다는 생각이 그의 판단이었다. 이미 정의부가 지나치게 주도권을 행사한다는 불만이 참의부와 신민부에서 터져 나오는 상황에서 정의부를 그대로 유지하면서 통합을 논의한다는 것은 사실상 불가능한 일이라고 여긴 것이다.

1928년 8월부터 정의부는 길림성 동향수하자에서 제5회 정기총회를 열고 촉성회를 부인하고 협의회를 지지하기로 결의했다. 그러자 김동삼을 비롯하여 지청천·김원식·김상덕·이종건·최명수·이규동 등은 정의부를 탈퇴하였다. 그는 마침내 오랫동안 주역으로 활동하던 정의부를 탈퇴한 것이다. 기득권에 안주하기보다 어떠한 어려움이 있더라도 만주 독립운동의 실질적인 통합이 그에게는 중요한 과제였다. 임시정부에서 만주로 파견되었던 홍진과 박건병도 촉성회에 가담하였다.

혁신의회는 그들의 명의로 신민부와 참의부의 해체를 선언하고 한인사회의 자치운동과 아울러 ① 대당촉성의 적극적 방조, ② 군사 선후 및 적 세력 침입 방지, ③ 합법적 중국지방자치기관(동향회) 조직, ④ 잔무처리 등의 사업 목표를 설정하였다. 그리고 교민의 자치를 위한 잠정적 행정구역으로 전 참의부 관할구역을 남일구, 전 정의부 관할구역을 중일구, 전 신민부 관할구역을 북일구로 획정하여 만주 전역을 통할하게 하였다.

혁신의회는 회장에 김동삼, 중앙집행위원장 김원식, 군사위원장 황학수, 군사위원 지청천, 민정위원장 김승학을 각각 선임하고 김동삼·황학수·지청천·김승학 등 16명을 중앙집행위원으로 선출하였다. 이어서 혁신의회는 1928년 5월에 개최된 전민족유일당조직을 위한 회의 때 협의회 및 촉성회 어느 쪽에도 가담하지 않았던 중도적인 입장인 인물들이 조직한 기성회의 인사들을 흡수하여 '민족유일당재만책진회'(책진회)

를 조직했다. 책진회의 중앙 임직원 상황은 다음과 같다.

중앙집행위원장 : 김동삼
중앙집행위원 : 김승학·김만선·김상덕·김소하·김원식·김종진·
　　　　　　　김좌진·박창식·이관일·이광민·전성호·정윤·지청
　　　　　　　천·황학수

혁신의회가 이론체계와 조직체계를 완전히 정비하여 표면 자치체와 이면 핵심기구를 완전히 분리하여 표면적 자치체를 민족유일당재만책진회라 하고 이면 핵심체를 혁신의회라 하여 독립운동의 지휘권을 가지게 하고 각 부에 소속하여 있던 군대의 정예분자를 택하여 독립당군으로 편성하려 하였다.

한편 혁신의회에 가담하지 않고 삼부에 남은 세력과 그들을 지지하는 세력들도 새로운 통합체를 구성하기 위해 힘썼다. 이 일을 주도적으로 추진한 세력은 정의부 계통의 인사들이었다. 정의부는 민족유일당회의 이후인 1928년 8월 24일부터 개최된 제5회 중앙의회에서 단체의 명의로 협의회를 지지한다는 결정을 내린 바 있었다. 이러한 협의회 측 인사들은 삼부통일회의가 개최될 무렵인 1928년 9월에 이미 정의부의 주도로 민족유일당을 추진하기 위해 '민족유일당조직동맹'(조직동맹)을 결성한 바 있다.

정의부는 '민족유일당조직동맹'을 기반으로 혁신의회에 가담하지 않고 협의회에 동조했던 참의부의 박대호·심용준·이영희·최재경 등 잔여파와 신민부의 민정파 인사들을 초청하여 1929년 1월 26일 길림에서 중앙집행위원회를 개최하였다. 이 회의에서 민족유일당조직동맹은 대표로 현익철과 김이대를 선출하고 주석단으로 고활신·김이대·황기룡을 선임하였다. 또한 8개의 집행부서를 조직하고 각 위원을 임명했다.

민족유일당조직동맹은 중앙집행위원회에서 작성했던 강령과 규약에 따라 재만한인의 자치를 발전시키기 위해 중국 당국이 인정하는 합법적 기관을 설치하여 한인의 공민권 획득, 한인을 위한 특수교육기관 설치, 자치행정 등을 실천하기로 결정하였다. 조직은 구·현·성·중앙의 4단계로 하고 민주주의적 중앙 집권제로 한다는 방침을 정했다. 이를 위하여 민족유일당조직동맹을 조선혁명당으로 발전시키고 당과 정치의 업무를 담당한 국민부와 군사임무를 담당한 조선혁명군을 결성하기로 하였다.

심용준 등 참의부 잔여파 인사들은 김승학 참의장이 발표한 참의부의 해체선언을 부정하고 정의부에 대한 절대적 지지를 선언하는 동시에 지지자들을 수습하여 진용을 재정비하고 정의부와의 합작을 도모하였다. 1929년 3월, 정의부의 주재로 길림에서 삼부의 대표가 회집하여 통일회의를 개최하였다. 회의에 참가한 삼부 대표 명단은 아래와 같다.

참의부 대표 : 심용준·유광흘·임병무
정의부 대표 : 고이허·고활신·이동림·이탁·최동욱·현익철
신민부 대표 : 이교원

회의에 참가한 대표들은 각자 단체의 해체를 선언하고 4월 1일에 새

현익철

로운 통합단체인 국민부를 결성하고 고활신·심용준·이교언·이동림·현익철 등 5인을 통일회 대표위원으로 선임하여 중앙집행위원회가 조직될 때까지 통일을 위한 잔무를 처리하도록 위임하였다.

정의부의 주도 아래 민족유일당조직동맹을 결성하고 1929년 3월 하순에 새로운 군정부의 조직을 위한 회의를 가졌다. 심용준 등 참의부 잔여세력은 정의부 측의 주류와 신민부 측의 민정파와 연합하여 국민부라는 새로운 군정부를 조직하였다.

1929년 5월 28일 국민부는 제1회 중앙집행위원회를 결성하고 집행위원장 및 각 부서의 책임자를 선출하였다.

중앙집행위원장 : 현익철   지방부집행위원 : 김이대
군사부집행위원 : 이웅   교양부집행위원 : 양기하
재정부집행위원 : 이동림
외교부담당위원 : 김관융·문학빈·심용준·이영희 외 10명

국민부의 주요 직책에 정의부 인사들이 주로 선임된 것으로 보아 정의부가 참의부를 흡수통일한 것으로 보인다. 참의장 김승학이 일제에 체포된 후 참의장 대리가 된 이영희는 참의부의 기치를 고수하여 15명의 나머지 부하를 거느리고 집안현 외차구·유수림자 등지에서 활동하면서 참의부의 부활을 꿈꾸었지만 실현되지는 못하였다.

만주에서 국민부와 혁신의회가 정립된 이후 국민부는 민족유일당을 조직하기 위해 민족유일당조직동맹을 유지하면서 한인사회의 자치활동과 항일독립운동을 전개해 오다가 조선혁명당을 결성하였다. 1929년 12월 20일 창당된 조선혁명당은 이당치국의 원칙에 따라 먼저 결성되었던 국민부와는 행정부와 지도당(유일당)이라는 표리일체적 관계로 정립되었다.

김종진

한편 1929년 국민부와 조선혁명당 산하의 무장대오로 창건된 조선혁명군은 1934년 말에는 국민부와 조선혁명당을 흡수하여 조선혁명군정부를 결성하였으며, 항일의용군 및 중국공산당 계열의 동북인민혁명군(동북항일연군의 전신)과 연합하여 1938년 9월까지 일제와 투쟁하였다. 조선혁명군은 만주에서 활약한 최후의 민족주의 계열의 독립군이라 할 수 있다. 1929년 4월 국민부가 결성되자 남만에서 혁신의회의 활동은 곤란하여졌을 뿐만 아니라 그 자체가 가지고 있는 좌우연합적 조직의 한계 등으로 인하여 계속 활동을 전개하기가 어렵게 되었다. 그해 5월 혁신의회는 중앙집행위원회의의 결의에 의하여 1년 기한으로 설립했던 조직을 해산하고 책진회를 근거로 활동하기로 하였다. 하지만 책진회의 간부들이 4~5개월이란 긴 시간동안 근거지를 떠나 있었기에 각자는 자기의 원 소속 근거지로 돌아가면서 재회를 약속하게 되었다. 이리하여 김승학 등은 남만으로, 김좌진·김종진 등은 북만으로, 지청천은 오상현으로 돌아갔다.

김승학이 1929년 2월 8일에 통화현에서 일경에 체포된 것으로 보아 아마 혁신의회가 해체되기 이전에 이미 남만으로 돌아갔고, 그곳에서 한교동향회의 협조를 받은 일경에게 체포되어 5년의 형을 받은 것으로 짐작된다. 그 후 얼마 안 되어 귀로 중에 위원장 김동삼이 하얼빈에서 또 일경에게 체포되어 10년형을 받음으로써 책진회는 사실상 무산되고 말았다. 이와 같이 촉성회 측은 혁신의회와 민족유일당재만책진회를 구성하여 민족유일당을 조직하려고 노력하였으나 용이하지 않았다. 특히 1년을 기한으로 과도기적으로 구성된 혁신의회가 조직 직후에 위원장인 김동삼이 하얼빈에서 일제 경찰에 체포되고, 참의부 계열의 김소하·김승학·박창식 등이 통화에서 중·일합동경찰에 의해 체포되면서 그 활동이 극히 제한되었다. 결국 1929년 5월에 1년의 기한이 다한 혁신의회는 해체되고 여기에 참여했던 인사들은 각기 자신들의 예전의 기반으로 돌아갈 수밖에 없었다.

신민부 군정파인 김좌진은 정신·민무 등과 함께 중동선 일대에 근거지를 정하고 한족총연합회와 생육사를 조직하였으며 이 단체들은 후에 한국독립당의 모체가 되었다. 1930년 1월 한족총연합회를 이끌던 김좌진이 공산주의자에게 암살당함에 따라 한족총연합회는 위기에 처하게 되었다. 이에 연합회의 간부인 정신 등은 연합회의 명칭을 한족자치연합회로 바꾸고 조직을 정비하기 위해 노력하였다.

김좌진이 암살된 이후 이들 한족자치연합회와 생육사를 기반으로 민무·신숙·안훈(조경한)·이장녕·지청천·홍진·황학수 등은 1930년 7월 유일당인 한국독립당과 그 소속 당군인 한국독립군을 조직하였다.

사회주의 계열과 타협을 시도하다

김동삼은 김좌진이 북만주로 돌아가 조직한 한족총연합회 회장이 되었다. 1929년 김좌진은 자신의 활동 근거지이던 북만주로 이동하여 중동선 일대를 관할할 수 있는 영안현 산시역 앞에 본부를 차렸다. 그는 남만주를 주 무대로 활동하던 김동삼과 손잡고 남북만주한족총연합회 동맹을 조직하여 국민부에 대항하려고 시도하였다. 그때 김동삼은 한족총연합회 회장이었고, 김좌진은 부회장을 맡았다. 하지만 1930년 1월 김좌진이 산시역 앞에 있는 본부의 정미소에서 공산주의자에게 피살되면서 김동삼을 비롯한 주변 인물들은 힘을 크게 잃었다. 이 난국을 수습하면서 나선 것이 1930년 7월 조직된 한국독립당과 당군인 한국독립군이었다.

김동삼은 한국독립당 건설에 참여했다. 그를 비롯한 신숙·이장녕·지청천·홍진·황학수 등은 모두 혁신의회에 참가했던 인물들이다. 이들의 결집은 김좌진의 암살을 계기로 좌우갈등에 대응한다는 것을 의미했다. 또 이것은 1920년대 후반부터 지속된 통합운동의 결과이기도 하다. 여러 어려움이 있었지만 그래도 줄기차게 통합운동에 매진했던 결과 결실을 본 것 가운데 하나가 바로 한국독립당의 결성이었다.

그러나 김동삼으로서는 위기를 맞았다. 그는 1911년 만주로 망명한 이래 줄곧 독립운동단체의 주류에 속해왔다. 그런데 통합방법을 둘러싸고 자신의 신념을 지키는 사이 그가 몸 담고 있던 정의부의 비주류가 된 것이다. 그렇지만 그는 흔들리지 않고 자신의 뜻을 펴나갔고, 한국독립당 고문이라는 민족주의 계열에서 걷는 마지막 직책을 맡게 되었다.

같은 시기, 김동삼은 동포들의 귀화와 자치운동에도 힘을 기울였다. 동포사회가 안정적인 터를 잡아야 그 위에 독립군 조직이 존재할 수 있다는 생각을 가진 그였다. 특히 1920년대 후반에 들어 일제의 무차별 공격을 막아낼 방법으로 동포사회의 '귀화'와 '자치'를 무엇보다 중시하였다. 더구나 동포사회에 침투한 친일조직을 막아내기 위해서라도 동포사회를 안정적으로 유지할 수 있도록 만들어야 했던 것이다. 그가 재만 농민운동에 뛰어들게 된 이유가 거기에 있었다.

김동삼이 참여한 농민운동 단체는 두 가지였다. 하나는 재만농민동맹이고, 다른 하나는 재만한인제국주의동맹이었다. 재만농민동맹은 농민의 이익을 추구하는 단체였다. 그래서 1929년 김동삼은 재만농민동맹에 가입했다. 그런데 큰 세력으로 성장한 ML그룹이 이 동맹을 분열시키는 계기를 만들었다.

1928년 제2회 대회에서 '토지 국유화와 경작자의 사용권 획득'을 강령에 넣었는데, 1929년 8월에 열린 제3회 대회에서 그 강령을 삭제하고 '토지 영구소작권 및 영구임대권 확립'이라는 내용을 집어넣는 일이 발생했다.

1929년 12월 20일 열린 재만농민동맹열성자대회에 참가한 김동삼은 제3회 대회 결의를 토지혁명을 반대한 것이라고 규정하여 이를 불법이라 몰아붙이고 12월 23일 재만농민동맹중앙정리위원회를 열어 ML그룹과 맞서기도 했다. 그런 뒤 그는 재만농민동맹을 탈퇴하였다.

이어서 김동삼은 조선공산당재건설준비위원회 만주부와 재만한인반제국주의동맹의 간부가 되었다. 민족주의자인 그가 사회주의운동에도 발을 디딘 것이다. 그렇다고 그 자신이 공산주의자가 된 것은 아니었다. 다만 농민운동을 벌이면서 사회주의 계열과 협력할 필요가 있었고, 하여 ML그룹과 함께 재만농민동맹 틀 속에 들어간 것이다. 하지만 토지문제에서 의견을 달리하게 되자, 그는 ML그룹과 맞서다가 결국 재만농민동맹을 탈퇴하게 되었다.

김동삼은 조선공산당재건설준비위원회에 발을 디뎠다. 만주에서 신화요회 그룹이나 ML그룹은 모두 코민테른에서 발표한 12월 테제의 '1국 1당 주의'를 받아들여 조선공산당을 포기하고 중국공산당에 들어가 활동하기 시작했다. 하지만 1929년 6월 조선공산당재건설준비위원회와 이를 지도한 만주지역 지도부인 만주부가 조직되었다. 김동삼은 여기에 참가하면서 만주부의 민족부장을 맡았다. 이념과 세력의 분화를 극복하려면 이를 연계시킬 연결고리가 필요했고, 그 자신이 이를 스스로 맡고 나선 것이다. 그는 공산주의를 받아들이지는 않았지만 열린 마음으로 민족부장을 맡으면서 연결점을 형성하고 있었다. 한족노동당 위원장 출신인 김응섭은 조직부장이 되었다.

또한 김동삼은 재만한인반제국주의동맹의 책임자가 되었다. 여기에는 안동 출신 김원식과 김응섭이 함께 참가하였다. 이 동맹은 남만주 한인농민들이 가장 관심을 갖고 있던 토지소유권 문제, 반일반봉건과 한국독립을 결부시켜 투쟁 방향을 확립함으로써 한인 농민들의 이익을 대표하는 단체로 떠올랐다. 더욱이 1929년 11월 국내에서 광주학생운동이 일어나고 많은 청년 학생들이 만주로 이동해오자 김동삼을 비롯한

인사들은 이 동맹의 하부 조직을 만들었다. 1930년 전만한인반제국주의대동맹 창립주비회가 열리고 그는 집행위원으로 활동하였다. 여기에 안동 사람들이 대거 참여하게 된다. 곧 김원식·이광민·김응섭 등이 그들이었다.

1930년 10월 10일 김동삼은 중국 동북변방 부사령관인 장작상을 만났다. 장작상이 길림성지역에서 귀화한 한인동포들의 대표를 불러 모으자 김동삼은 4인의 대표 가운데 한 사람으로 참석하였다. 그 자리에서 중국 당국으로부터 '종래 한인에 대한 취체 규정이 없어 무리한 경우가 있었음을 인정하고 각 현에 엄명하여 한인 보호에 노력 중이니 양해 바란다'는 답변을 받아냈다. 중국 관헌들에게 문제가 있었다는 것을 확인해 낸 셈이다. 뿐만 아니라 앞으로 언론기관이 양 민족의 감정이 악화되지 않도록 노력할 것이며 현재 구금 중인 한인에 대해서는 제대로 대우할 것과 모두 석방할 가능성도 있다는 이야기도 오고 갔다. 이러한 상황은 김동삼의 노력에 의해 동포들의 생활이 안정화되어가는 모습을 보여주는 것이라 할 수 있다.

다시 가족을 만나다

이런 바쁜 와중에 김동삼이 가족을 만나기는 어려웠다. 1928년 여름, 삼부통합운동으로 동분서주하던 그 무렵 그는 가족들이 머물고 있던 채가구에 잠시 들렀다. 가족들은 1926년 봄 영안현 주가툰에서 아성현 평방으로 옮겼다. 아성현은 하얼빈 동남쪽 100여 리 되는 곳으로 1115년

여진족 아골타가 금나라를 세운 역사적인 도시이다. 송화강 지류인 아십강阿什江이 흐르는 지역으로 땅이 넓고 토질이 비옥한 곳이다. 이곳에서의 농사는 다만 봄에 씨를 뿌렸다가 가을에 거두는 농법이므로 따라서 적당한 농지를 찾아 자주 옮겨 다니는 것이 일반적인 형태였다. 가족들도 아성현의 여러 곳을 돌면서 농사를 지었다. 평방에서 다시 소가하로 옮겼다. 그러다가 김동삼의 아내는 소가하에 남고, 맏며느리 이해동은 시오촌 김장식, 시동생과 함께 하얼빈 남쪽 채가구로 옮겼다. 그리고 여기에서 첫 손자인 장생長生이 태어났다.

이곳이 또한 맏며느리 이해동이 시아버지 김동삼을 두 번째 만난 곳이기도 하다. 손자가 태어난 지 두 달이 못된 1928년 어느 여름날 저녁, 김동삼이 불쑥 찾아든 것이다. 평소 집에 편지 한 장 없었고 가족들도 굳이 소식을 알려고 들지 않았다. 그렇지만 어느 풍문에서였는지 혹은 어떤 연결선을 통해서였는지 첫 손자 소식을 들었을 것이다. 영고탑 주가툰에서 만난 지 5년 만에 김동삼이 가족을 찾아왔다.

그는 손자를 보고 기쁜 마음을 그대로 드러내었다. 그러면서 손자의 이름을 장생이라 지어 주었다. 손자가 삶을 오래오래 누리라고 비는 뜻을 담고, '생'이라는 항렬을 붙여 지은 것이다. 그는 여느 때와 같이 하루 저녁을 머물고는 이튿날 이른 아침 바람같이 길을 떠났다. 소하가에 살고 있던 아내와 아들에게는 들르지도 못했다. 언제나 그러려니 했지만 겉보기에는 무정한 처사였다.

아성현에서 농사는 번번이 흉작을 거듭했다. 추운 곳이라 수온 관리가 힘들고, 가뭄도 수시로 찾아왔다. 도열병도 한 해 농사를 어렵게 만들었다. 더구나 수확철이 되면 어김없이 들이닥친 마적들은 가장 무서운 존재였다. 마적에게는 남녀노소 구별이 없었다. 아무에게나 해를 가했다. 그들이 한 번 지나치면 혼절할 일이 벌어지곤 했다. 농사를 다 지어 수확해 놓으면 바로 들이닥쳐 마치 맡겨 놓았다는 듯이 빼앗아가니, 오히려 사람이 다치지 않으면 다행일 지경이었다. 그런 고통 속에서도 가족들은 힘겹게 농사를 지으면서 생계를 이어갔다.

영안현 주가툰에 있는 동안 가족이 늘었다. 1922년 말 태어난 김동삼의 늦둥이 딸 영애와 1925년 맏며느리 이해동이 낳은 손녀 덕생德生이 생겼다. 김동삼의 손녀 덕생은 뒷날 강용구에게 시집을 가게 되는데, 강용구의 아버지 강호석은 이상룡의 사위였다. 김동삼의 큰 손녀와 이상룡의 외손자가 혼인을 한 것이다.

북만주로 이동한 뒤 경신참변 때 피살된 김동만의 아내, 곧 김동삼의 제수는 참담한 생활을 하고 있었다. 그 생활을 이해동은 자서전에 다음과 같이 기록하였다.

시숙모(김동만의 아내)의 정신병은 남편(김동만)이 삼합포(삼원포)에서 왜놈에게 총살당한 충격이 원인이라 하겠다. 시숙모의 친정은 진성이씨이니 나의 친정과 일가이고, 양반집 규수로 남편 따라 이국땅에 와서 고생하는 것만도 슬픈 일인데, 남편이 비명으로 목숨을 잃게 되어 삼십이 넘어 중년 과부가 되니 그의 마음이 한시도 편할 수 없는 것은 충분히 이해가 된다. …… 그때 시숙모는 나무 막대기를 손에 쥐고 장가까지 간 아들을 때리겠다고 따라다니면서 저녁에는 아들 며느리를 방에도 못 들어오게 하고 하루 종일 횡설수설하고 다니니 보기가 딱하였다.

낯설고 물설은 이국땅에서 참혹하게 남편을 잃은 양반집 규수가 슬픔과 충격을 이기지 못하고 결국 실성을 하여 참담한 생활을 하는 모습은 보는 사람의 가슴을 먹먹하게 하였다. 남편이 살았는지 죽었는지 모르고, 몇 년에 한 번 홀쩍 나타났다 사라지는 김동삼의 부인 박순부도 심정은 크게 다르지 않았다. 독립운동가의 집안에서는 흔히 겪는 고통이며, 이렇게 힘든 세월을 살아가고 있었다.

이런 정황에 생각해 낸 해결책이 김동만의 부인을 고향 친정으로 보내 안정을 찾게 하자는 방안이었다. 고향에 사연을 알린 뒤 바로 보냈다. 마침 농사철이라 데리고 갈 사람도 없으니 마치 화물 짐 부치듯 떠나보냈다. 그 모습을 이해동은 이렇게 적었다.

흰 무명천에다 이름을 쓰고 고향 목적지를 먹으로 써서 저고리 등 뒤에 꿰매고 하얼빈에서 국내로 가는 화차에 태워 보내는 방법이다. 당시 정신병이 있는 사람을 그런 방법으로 태워 놓으면 승무원이 도착 정거장까지 데려다 주는 것이다.

그렇게 김동만의 아내는 화물 신세가 되어 고향인 안동으로 돌아왔다. 고향이 좋은지 몇 년 뒤 상태가 좋아지자 그는 다시 북만주로 아들을 찾아갔다.

06 하얼빈에서 체포되다

법정투쟁으로 일관하다

1931년 10월 5일 오전 11시, 김동삼은 하얼빈 도외道外 십육도가十六道街 우씨 성을 가진 사람의 집에서 하얼빈 주재 일본총영사관 경찰에게 체포되었다. 당시 그는 한국독립당 고문을 맡으면서 독립운동의 통합작업에 진력하고 있을 때였다. 그는 사돈이자 동지로서 아성현 주민회장을 맡고 있던 이원일, 경북 영양 출신의 여성 항일투쟁가 남자현과 더불어 하얼빈으로 잠입했다가 검거되었다.

1931년 9월 18일 중국에 주둔하던 일본군의 하나인 관동군은 봉천 교회 유조호에서 만주철도를 폭파시키고 거꾸로 그것을 중국인 한 것이라 억지를 쓰며 중국군 병영을 공격했다. 이로써 만주사변이 발발하게 되었다. 일찍이 조선을 강점한 일제는 한인 독립운동의 배후지이자 러시아의 남진을 견제하기 위한 전략적 요충지로서 막대한 자원과 시장을 제공할 만주와 몽골을 일본의 '생명선' 또는 '특수이익'으로 중시하였다.

만주사변으로 일제가 길림을 점령하자 만주의 정세는 급박하게 돌아갔다. 김동삼은 급히 북상하여 하얼빈으로 이동했다. 그가 하얼빈에 내린 때는 10월 4일 밤 11시였다. 당시 신문 보도와 이해동의 회고를 종합해 보면 그가 의사 정영진의 집에서 잠을 자고 이튿날 아침 앞에 말한 우씨 성을 가진 사람 집에 들러 아침밥을 먹은 뒤, 경찰이 들어 닥쳐 체포되었다는 것이다.

그가 하얼빈에 도착한 사실을 이미 일제 경찰이 파악하고 있었던 것을 알 수 있다. 정영진은 하얼빈에서 병원을 운영하면서 독립운동 자금을 지원하던 인물이며, 김동삼의 동지로 가족들이 북만주에 터를 잡은 뒤 늘 도움을 주었던 터라 의심할 바는 아니었다. 결국 김동삼의 하얼빈 도착을 미리 눈치 채고 잠복하고 있던 밀정들에 의해 검거된 것이라 할 수 있다.

김동삼은 하얼빈 일본총영사관 유치장에 갇혔다. 하얼빈 일본총영사관은 당시 북만주지역에서 일본의 최고 거점이었다. 정보수집과 통치뿐만 아니라 한국 독립운동가 추적과 검속, 일본 이권 사업의 지원 등 일본의 전초기지이자 최전방 지휘부의 역할을 했던 곳이었다.

일본총영사관 경찰은 만주에서 체포한 '요주의 불령선인'들을 악랄하게 고문한 것으로 유명했다. 그들은 고문을 통해 정보를 수집한 뒤 이를 바탕으로 추가로 검거작업을 폈고, 그 뒤에 국내로 이송시켜 재판을 진행하는 것을 원칙으로 삼았다.

김동삼도 잡히자마자 견딜 수 없는 고문을 당했다. 하지만 김동삼은 조금도 꺾이지 않았다. 오히려 이들을 꾸짖고 항의하다가 의식을 잃은 적이 한두 번이 아니었다. 결코 꺾일 인물이 아니기도 했지만 영사관 유

하얼빈 일본영사관 터(화원소학교)

또 다른 하얼빈 일본영사관 터

치장에 들어가는 순간 이미 살아서 나간다는 생각을 버렸던 것인지도 모른다.

그는 견디기 힘든 고통을 참으며 단식투쟁을 벌였다. 체포된 지 사흘이 지난 10월 8일 일제는 가족들을 동원하여 회유하기 시작했다. 맏아들 정묵과 가까운 집안 동생 김정식이 불려갔다. 김정식은 김대락의 조카이자 김소락의 아들이며 취원창을 개척한 한 사람이다. 이들은 단식을 그만 두라는 말을 조심스럽게 건넸다. 하지만 김동삼의 태도는 단호했다.

"나는 아무 것도 못하고 육십에 가까운 나이가 되었다. 이제 더 살아서 무슨 소용이 있겠느냐. 나는 나의 결심이 있으니 장황한 말은 하지 마라."

그가 단식 끝에 의식을 잃자 일제는 영양주사까지 놓아가며 연명을 시켰다고 한다. 그러한 큰 고통 속에서 그는 단 한 마디도 발설하지 않았다. 때문에 누구도 추가로 체포되지 않았다. 김동삼이 영사관 유치장에서 고문을 받는다는 여론이 들끓자 일제는 더 이상의 고문을 포기하고 그를 국내로 압송하였다. 김동삼은 1931년 11월 9일 신의주지방법원 검사국으로 옮겨졌다.

이에 앞서 가족에게 면회를 허락한다는 통지가 도착했다. 두 아들과 며느리, 조카와 조카며느리, 그리고 딸이 면회하러 영사관을 찾았다. 아내는 손자·손녀를 데리고 집에 남았다. 며느리 이해동으로서는 결혼한 지 10년 만에 시아버지를 세 번째 만나는 자리였다. 그런데 그 자리가 유치장이요, 그마저도 한 시간 뿐이었다.

50세를 넘은 김동삼이 족쇄를 끌고 가족들 앞에 겨우 걸어 나왔다.

피골이 상접하여 차마 눈뜨고 보기가 어려웠다. 이해동은 유치장 면회실에 들어섰을 때부터 눈물이 앞을 가렸다고 한다. 모두 정신없이 울기만 했다. 그러자 김동삼이 가족들에게 한마디 던졌다.

"왜 울기만 하는 거냐. 시간이 바쁘니 이야기라도 해야지."

김동삼은 태연하게 가족들을 재촉했다. 비록 얼굴과 몸은 상했어도 눈빛만은 이전처럼 강렬했다. 며느리 이해동이 그제야 정신을 차리고 가족들을 소개했다.

그제서야 나는 두 동서를 소개하고 인사를 시켰다. 시아버지께서는 처음 보는 두 동서에게 웃음을 지으면서 '고맙다. 여기까지 보러 오니' 하시며 며느리와 질부의 손목을 잡아 주시었다. 그리고 9년 전에 영안에서 태어나 처음 보는 딸의 머리를 어루만져 주시고 거친 큰 손으로 딸의 손을 잡고 오래 오래 보시던 그 모습이 지금도 잊혀지지 않는다.

돌아보면 1922년 초 잠깐 북만주 영안현 주가툰에서 가족을 만났다. 맏며느리 이해동의 첫인사도 그곳에서 받았다. 사흘 밤이 지나는 동안 아내 박순부는 태기가 있어 딸을 낳았고, 그 늦둥이 딸 영애가 아홉 살의 나이가 되어 처음으로 아버지를 만났다.

그는 아들과 조카에게 당부했다. 참된 사람이 되라는 것과 아이들을 잘 키우고 훌륭히 가르쳐야 한다는 말이었다. 시간은 쏜살같이 지나갔다. 김동삼은 이것이 마지막이 될 수 있을 것이라 생각했으리라.

김동삼은 국내로 이송된 뒤에도 일제에 항거를 계속했다. 신의주지방법원 검사국에서 취조를 받으며 검사가 작성하고 서명하라고 요구하는 조서에 서명조차 거부했다. 최조와 심문조서 작성, 그리고 예심 과정이 1년이나 걸렸다. 그리고 1932년 11월 19일, 신의주지방법원 공판으로 넘어갔다. 12월 23일 공판에서 검사는 김동삼에게 무기징역형을 구형하고 12월 26일 열린 판결에서 10년형이 결정되었다. 1933년 1월 12일 그는 평양형무소로 옮겨졌다. 공소를 제기를 했으나 3월 4일 끝내 10년형이 확정되고 말았다.

함께 붙들린 이원일은 3년형을 선고받고 서대문형무소에서 옥고를 치렀다. 이원일의 노모는 아들이 붙들렸다는 소식에 충격을 받아 세상을 떠났다. 이원일의 아버지는 며느리와 두 딸을 데리고 할 수없이 고향을 찾아 떠났다. 하지만 이들은 고향으로 돌아오지 못했다. 도중에 행방불명이 되고 만 것이다. 뒷날 이원일은 평양형무소에서 3년 옥고를 치른 뒤 고향으로 돌아오게 되지만 아버지도, 아내도, 두 딸도 없는 고향에서 우울하게 여생을 보내다가 1961년 세상을 떠났다. 나라를 찾겠다고 머나먼 이국땅을 떠돌다가 병들고 지친 몸으로 돌아온 고향에서 이원일은 모든 것이 허망했다. 누가 그의 마음을 위로해 줄 수 있겠는가.

서대문형무소에서 순국하다

가족들이 하얼빈에 머물던 1933년, 서대문형무소에서 김동삼이 가족에게 보낸 서신이 도착했다. 아들이 보낸 편지를 통해 출생한 손자·손녀 소식을 듣고 지극한 사랑을 담은 편지를 보내온 것이다. 김동삼이 1931

김동삼 가족(1934)

년 체포되었으니 2년이 흐른 뒤였다. 면회를 가야 하지만 하얼빈에서 서울까지 간다는 것은 쉽지가 않았다. 무엇보다 여비가 없으니 어찌할 도리가 없었다.

그래서 가족들은 사진을 찍어 보내기로 의견을 모았다. 마침 취원창에서 학교를 다니던 김동삼의 딸 영애가 방학을 맞아 하얼빈에 오게 되자 처음으로 가족사진이라는 것을 찍었다. 사진에는 김동삼의 부인 박순부, 큰아들 정묵 내외와 손자 손녀인 장생·중생·덕생 삼남매, 둘째 아들 용묵 내외와 딸, 그리고 김동삼의 딸 영애 등 모두 10명이었다. 편지에 사진을 동봉하여 서대문형무소로 보냈다.

김동삼이 사진을 보고 어떤 마음이었는지는 알 수 없다. 그러나 사진으로 처음 보는 손자·손녀의 사진을 보고 또 보았을 것이다. 그리고는 손자·손녀의 이름을 지어 보냈다. 큰 아들 정묵의 둘째 아들은 중생中生, 둘째 아들 용묵의 딸 이름은 귀생貴生으로 지었다. '생'자 항렬에 맞추어 첫째 손자 장생長生에 이어 중생이라 불렀고, 손녀를 귀엽게 여겨 귀생으로 불렀을 것이다.

김동삼은 하얼빈의 일본총영사관에 체포되었다가 신의주지방법원의 검사국으로 옮겨져 취조심문과 예심을 받았고 공소를 제기하여 평양형무소에 수감되었다는 이야기는 앞에서 살펴보았다. 평양형무소에서 다시 서울 서대문형무소로 옮겨졌다. 1934년 초 그의 건강이 극히 악화되어 신음 중이라는 보도가 나왔다. 1월 초부터 늑막염으로 병감에 수용되어 신음하고 있었는데, 한때 위험한 지경에 이르기도 했다. 그가 위중하다는 연락을 받고 맏아들 정묵이 하얼빈에서 달려왔다. 그가 아들에게 남긴 말이 『조선일보』 1934년 4월 2일자에 실렸다.

이런 일정한 자리에서 죽게 되는 것도 과분한 일이라고 할 수 있겠다. 독립군이라면 대개 풀밭이나 산 가운데서 남들이 어디서 죽었는지도 알 수 없이 죽는 것이 당연한 일이다. 내가 원래 그런 죽음을 소망하였던 바인데 오늘날 이런 곳에서 죽게 되는 것은 유한으로도 생각된다. 죽기 전에 여러 친구들을 만나서 부탁할 말이 몇 가지 있지마는 어찌 마음대로 되겠느냐.

독립운동가로서 감옥에서 최후를 맞는 것은 '과분한 죽음'이라고 생

서대문형무소에 수감된 김동삼(김긍식)

각했다. 만주 벌판 이름 모를 곳에서 얼마나 많은 독립군들이 희생되었던가. 김동삼은 새삼 그들의 최후를 생각했을 것이다. 이런 말을 듣는 아들은 안타까울 뿐 더 이상 말을 할 수 없었다.

　서대문형무소에서 옥고를 치르고 있는 동안 그의 몸은 쇠약해지고 병이 들었으나 그의 의지와 기개는 전혀 꺾이지 않았다. 형무소 안에서 외부와 연락을 하다가 발각되면 지독한 형벌을 받았다. 그러면 김동삼과 뜻을 합한 동지들은 옥중에서 단식투쟁으로 항거하였다고 한다. 단식으로 기진맥진한 독립운동가들을 간수들이 끌어내고는 단식을 그만두라고 윽박지르고 사정하면 모두가 '용수를 쓰고 있는 김동삼'을 가리키며 '저분의 처분을 받아야 한다'라고 말했다. 끝내는 형무소장이 나와서 김동삼에게 사죄해야 단식이 중단되었다. 그의 위상은 만주 벌판에서 만이 아니라 서대문형무소에서도 큰 인물로 추앙되었다.

그에게 남은 재산은 없었다. 처음 만주로 망명을 떠날 때 적지 않은 재산을 급히 처분하여 망명자금으로 삼았다. 1910년대 독립군기지를 건설하면서 엄청난 자금이 필요하게 되자 그는 사람을 몰래 고향으로 보내 남은 재산을 처분하게 하였다. 심지어 서대문형무소에 수감되어 있던 시절에도 남은 마지막 재산을 처분해 달라고 고향 마을에 편지를 보내기도 했다. 그러나 이렇게 마련된 자금은 한 번도 가족들 손에 들어가지 못했다. 가족을 만나는 일조차 몇 차례에 지나지 않았으니 그에게는 오직 잃어버린 나라를 찾겠다는 일념 밖에 없었다.

그는 1937년 4월 13일 60세의 나이로 서대문형무소에서 순국하였다. 투옥된 지 6년 만이었다. 병이 위중하다는 전보를 받았으나 길이 멀어 가족들이 쉽게 달려가기 어려웠다. 둘째 용묵이 급히 길을 떠났다. 며느리 이해동은 15년 전 시아버지를 처음 뵙고 받았던 50원 가운데 아끼고 아껴 남은 돈을 시동생에게 주어 보냈다. 맏며느리를 처음 만나 건네준 돈이 자신을 이별하러 오는 아들의 여비가 된 것이다.

용묵이 하얼빈에서 기차를 타고 서울로 향했다. 장남 정묵은 이틀 뒤에 길을 떠났다. 여비도 마련해야 했고, 만약 장례를 치러야 할 경우를 생각해서 돈을 마련하느라 시간이 걸린 것이다. 두 아들이 도착했을 때는 이미 김동삼이 세상을 떠난 뒤였다. 둘째 아들이 도착하기 하루 앞서 그가 서대문형무소에서 순국한 것이다. 마지막 순간까지 가족과 얼굴을 대면하지 못한 쓸쓸한 죽음이었다.

한용운

마지막 떠나는 길을 한용운이 도우다

용묵이 시신을 인수하였다. 인사동에 있던 경일여관에 호상소를 만들어 문상객을 맞았다. 처음에는 고향 안동으로 운구하려 하였다가 계획을 바꾸어 서울에서 장례를 치르기로 결정하였다. 김동삼은 유언을 남겼다.

"나라 잃은 몸이 무덤은 있어 무엇하느냐. 나 죽거든 불살라 강물에 띄워라. 혼이라도 바다를 떠돌면서 왜적이 망하고 조국이 광복되는 날을 지켜보리라."

결국 유언 때문이었는지 그의 유골은 화장되어 한강물에 뿌려졌다.

장례에는 평소 김동삼을 존경하던 만해 한용운이 나섰다. 한용운은 김동삼의 유해를 자신의 거처인 성북동 심우장으로 옮기고 모든 장례 절차를 주선하였다. 장례는 심우장에서 5일장으로 치러졌다. 많은 문상객들이 김동삼의 마지막 길을 추모하여 모였다. 문상객 가운데는 조헌영과 조지훈 부자를 비롯하여 여운형·이원혁·홍명희·방응모·김혁·이병홍·이극로·이인·박광·국수열·서정희·정노식·김적음·김항규·김진우·양근환·허헌·허영호·박고봉 등이 있었다.

한용운은 영결식에서 방성대곡 하면서 다시 이런 인재가 없음을 한탄하였다. 만해한용운기념사업회 회장을 지낸 김관호는 한용운이 이렇게 말하였다고 한다.

"유사지추가 도래하면 이 분이 아니고는 대사를 이루지 못한다."

심우장

다시 김관호가 물었다.

"국내외에 저명한 독립운동가 모씨와 모씨가 아직 생존해 있지 않습니까?"

그러자 한용운은 이렇게 말했다.

"그런 인물들은 백, 천이라도 이 분을 당할 수 없고 도리어 대사를 그르칠 사람이고, 일송을 잃은 우리 민족은 큰 불행이고 손실이다."

한용운이 일생에 눈물을 흘린 적이 이때 한 번 뿐이라는 일화는 김동삼의 인물을 새삼 돌아보게 하는 대목이다. 북만 아성현 취원창에서도 그의 순국을 애도하는 자리가 마련되어 많은 추모객이 모여 들었다.

김동삼 어록비(독립기념관)

김동삼 사후 이야기들 07

가족들의 이야기

1931년 김동삼이 하얼빈에서 검거되어 국내로 끌려간 뒤 일제의 만주 침략은 본격적으로 이루어졌다. 그 때 김동삼의 가족은 소가하에 살고 있었다. 김동삼이 하얼빈에서 사돈인 이원일과 함께 체포되었기 때문에 김동삼의 며느리 이해동으로서는 시아버지와 친정아버지 둘이 모두 일제의 감옥에 갇히게 되었다.

친정아버지 이원일의 면회 통지가 왔을 때 이해동 내외는 하얼빈영사관 유치장으로 가서 시아버지를 면회할 때와 같이 면회를 할 수 있었다. 참으로 기가 막힌 일이었다. 이해동은 그때의 정황을 이렇게 썼다.

면회 경험이 한 번 있어서 이번에는 단단히 마음을 가다듬고 영사관에 갔는데, 정작 아버지를 보게 되니 슬픔이 앞서서 정신을 차리지 못했다. 아버지 말씀이 귀에 들리지 않았고 어떻게 영사관 대문을 나왔는지 생각

김동삼 가족이 살던 농가

이 안 났다.

이해동으로서는 아버지 이원일이 체포되고 나니 친정집 꼴이 말이 아니었다. 가장이 없는 집이란 이국땅에서 살아갈 수가 없다고 했다. 할아버지는 칠십 노인이고, 여식솔과 어린 아이들만 있으니 도저히 생계를 유지할 수 없었다고 한다. 아들의 체포로 상심한 할머니가 병으로 세상을 떠났다. 이해동의 친정은 서간도로 망명 후 풍토병으로 숙부와 고모 삼 남매를 삼합포 뒷산에 묻었고, 이제 북만주로 와서 할머니 무덤을 또 남기게 되었다. 결국 할아버지는 어머니와 여동생 둘을 데리고 떠나온 고향인 안동으로 돌아갈 수밖에 없었다. 그리고 그때 그 길이 친정 식구들과의 마지막 이별이 되었다고 한다. 이들 모두가 중간에서 실종

되었던 것이다. 친정아버지 이원일은 3년의 옥고를 마치고 고향으로 돌아갔으나 일제 경찰의 감시 대상이 되어 우울하게 여생을 보내다가 해방 후 세상을 떠났다.

소가하의 김동삼 가족은 여전히 사촌동생 김장식이 돌보고 있었다. 김동삼의 둘째 아들 김용묵도 혼인을 하여 진주 강씨를 아내로 맞아 들였다. 식솔이 늘어나면서 소가하에서 어려운 생활을 계속하고 있던 중, 토지 면적이 적어서 새로운 땅자리를 찾게 되었다.

김장식이 새 땅자리를 보러 갔다가 뜻하지 않게 변을 당했다. 소가하 서쪽 향방이라는 곳에서 버들판 황지를 돌아보던 중 돈을 내놓으라고 달려오는 마적의 총에 맞아 왼쪽 다리에 관통상을 입었다. 급히 하얼빈으로 나가 치료를 했으나 총알에 뼈가 상하고 출혈이 심해서 결국은 톱으로 무릎 아래 다리를 끊고 말았다. 그때부터 절룩거리며 걸어 다니게 되었고 집안 아이들은 '절뚝할배'라고 불렀다. 김동삼이 없는 가정에서 집안 조카나 며느리들은 그를 시아버지처럼 존경하며 모셨다. 김장식은 10년을 하루같이 그런 가족을 이끌고 험난한 곳을 마다 않고 키워낸 사람이었다.

김동삼이 독립운동 일선에 나서서 활약하는 동안 먼저 동생 김동만이 일제에 의해 목숨을 잃고, 다음으로 사촌 동생은 마적의 총에 맞아 불구가 된 것이다. 김동삼이 큰 지도자가 될 수 있었던 것도 이렇게 뒤에서 희생하는 인물들이 있었기 때문에 가능했을 것이다. 김동삼의 둘째 아들 용묵이 그의 양자가 되어 제사를 받들었다고 한다.

이해동은 그의 회고록에서 어려웠던 이 시절을 다음과 같이 기억하고 있다.

우리 가정은 만주사변 전까지 20년 망명생활에서 극심한 불행과 말할 수 없는 고난으로 이어졌다. 물질생활의 곤란과 심리상의 불안은 그만 두고라도, 도만 초기 희생도 엄청났다. 서간도에서 친정집 숙부 삼남매의 죽음, 시삼촌의 피살, 아버님과 친정아버지의 옥고, 시숙모의 정신병, 친정집 조모의 화병으로 인한 죽음, 그리고 시오촌의 다리병신. 이상 말한 것이 20년 우리집의 불행한 역사다. 이런 엄청난 희생과 불행은 망국민의 이국땅 생활에서만 있을 수 있고 독립투사들의 가족에게만 치러지는 운명으로 생각한다.

김동삼이 국내로 압송되어 서대문형무소에 있는 동안 가족들은 여전히 소가하에 살고 있었다. 그런데 여기에서 수차례 마적의 화를 겪게 되었다. 이해동의 기록을 살펴보자.

한 번은 삼조형제가 모두 집에 없었고, 아이들과 여식솔들만 남아 있었는데 말을 탄 마적들이 버들판에서 총을 쏘며 동리로 쳐들어 왔다. 마적이 쳐들어오자 동리 사람들은 집 부근에 숨던지 동리 뒤 언덕으로 달아나는 난장판이 벌어졌다. 시어머님은 딸과 손녀를 집 뒤 나무가래 속에 숨겨두고 부락 뒤 언덕으로 뛰어가면서 나도 빨리 피신할 것을 재촉하였다. 그때 세 살 난 아들을 그냥 버리고 갈 수가 없어서 등에다 업고 시모친 뒤를 따라 뛰어가게 되었는데 그날따라 가랑비가 와서 시골 언덕길은

미끄러워 여러 번 넘어지다 보니 온 몸이 흙투성이가 되었다. …… 어느 사이 마적 한 놈이 지척에 와서 총을 겨누고 말았다.

이제는 죽었구나 생각하면서 허리춤에 지녔던 지폐 30원 가량 되는 돈을 바지 밑으로 내려서 발밑에 감추었다. …… 당장 죽을지 모르는 순간에도 무슨 마음으로 몸에 지닌 돈을 생각하게 되었는지 그때 행동은 나도 모르게 하였는데, 시아버님이 영길에서 주고 간 돈이 내 마음속에는 언제나 소중히 생각되었고, 그 어려운 살림 형편에서도 이 돈만은 잘 쓰지 않았기에 일부가 남아 있었고, 난리가 끝난 후의 식솔의 생활이 내 목숨보다 귀중히 생각된 것이다. …… 내 코밑에 와서 돈을 내놓으라고 위협하는 마적에 대해서 나는 정말 허리에서 돈 꺼내는 시늉을 하였는데, 내 손에 꺼내 보여준 것은 친정에서 수일 전에 보내온 문종이 편지였다. 그리고 침착하게 이것 밖에 없다고 마적에게 말하면서 바지주머니를 보여주니 마적도 내 말을 믿었는지 다른 곳으로 가고 말았다. 이렇게 하여 우리 고부는 목숨도 건지고 욕도 안 봤으니 하늘이 도와준 것으로 생각했다.

그때 두 동서는 하얼빈에서 살고 있는 친정집에 이미 피신해 있어서 이런 변을 당하지 않았는데, 아무리 생각하여도 시골에 그냥 있기가 위험해서 그해 가을 우리 식구들도 하얼빈으로 떠나게 되었다.

가족들이 소가하에서 하얼빈으로 피난나간 때는 1931년 가을이었다. 많은 식솔들이 대도시로 갑자기 떠나다 보니 거처할 곳도 마땅치 않고 여관에 오래 묵을 형편도 안 되어서 일본영사관에서 만들어 놓은 임시 수용소에 들어갔다. 수용소는 비행기 창고에 돗자리를 깔아 놓고 어른 아이 할 것 없이 한 곳에서 잠을 자고, 수용소에서 주는 좁쌀 혹은 옥수수 죽에다 소금에 절인 무김치를 때가 되면 배급받아서 연명했다.

이곳에서 이해동은 장질부사라는 전염병에 걸려 온 식구가 수용소를 나올 수밖에 없었다. 마침 작은 동서의 친정집 도움으로 송화강 부근 셋집으로 이주할 수 있었다. 농사철에 남자들은 소가하에 내려가서 농사를 짓고 일이 없을 때는 하얼빈으로 돌아와서 가족과 함께 지냈다.

취원창에 새로운 터전을 마련하다

1932년 여름에는 송화강 제방이 터져 하얼빈이 물바다가 되면서 한때 움막 생활을 하기도 했고, 설상가상으로 타작해 놓은 벼를 절반이나 도둑맞는 일이 벌어지기도 했다. 이듬해 취원창에서 이상룡의 조카인 이광민이 하얼빈에 다니러 왔다가 이해동의 집을 찾았다. 이광민은 김동삼 가족의 딱한 사정을 보고 취원창으로 이주하기를 권했다.

정작 가족들이 취원창에 이주한 것은 1934년 초봄이었다. 취원창은 하얼빈에서 송화강을 따라 동북쪽으로 70리 가량 되는 곳이라 했다. 악덕규라는 중국인 집에 세를 얻었는데 2칸의 흙집이었다. 취원창은 아성현에 속했는데 당시에는 300여 호가 넘는 큰 마을이었다.

여기에는 우리 교포 100여 호가 모여 살고 있는데, 비극도강을 가운데 두고 양쪽으로 우리 교포들이 살고 있었다. 동쪽에는 하동농장, 서쪽에는 하서농장이라 하였는데 통틀어 취원창농장이라고도 했다는 것이다.

취원창에 우리 교포들이 들어간 것은 1926년부터라고 하는데 이상

송화강

룡·김동삼 등 정의부 수뇌들이 북만의 독립군 근거지를 세우기 위해 이 농장을 개간했던 것이다. 이곳에는 이상룡의 동생 이봉희와 그 아들인 이광민이 이미 1926년부터 정착하여 농사를 지으면서 독립운동을 전개하고 있었다. 그밖에도 김대락의 아들로 한족회와 정의부에서 활동하던 김형식이 취원창에서 교포학교를 세우고 교장으로 학생들을 지도하고 있었다.

해방이 된 뒤에도 가족들의 고난은 끝나지 않았다. 해방 직전 둘째 아들 용묵은 가족과 함께 귀국했다. 용묵은 첫 부인 진주 강씨에게서 딸을 하나 보고, 둘째 부인 울산 장씨에게서 2남 2녀를 보았다. 해방이 되자 김동삼의 맏손자 장생이 서울에서 대학을 다니겠다고 길을 나섰다.

그것이 가족들과의 영영 생이별이었다. 서울에 도착하여 대학을 다녔다는 것까지만 알고 그 후의 행방은 알 수 없었다.

　북만주에 남은 가족들은 마적떼의 출몰 때문에 1947년 취원창을 떠나 아성현의 남서쪽 관기툰으로 이주했다. 공산국가가 된 중국에서 토지개혁과 청산운동 등을 겪으면서 가족들은 심한 핍박을 받았다. 맏아들 정묵이 불려가서 두들겨 맞았다. 취원창 시절 이들은 상점일 때문에 두 답밖에 안 되는 자작지를 고용 일꾼을 구해 경작하였다고 하여 반동으로 몰린 것이다. 결국 정묵은 자리에 누워 앓다가 1950년 4월 세상을 떠났다. 맏아들의 죽음에 충격을 받은 김동삼의 부인 박순부도 그해 10월 숨을 거두었다. 김동삼의 큰 며느리 이해동은 아들 내외와 함께 1989년 1월 18일 영구 귀국했다. 77년 만의 귀환이었다.

　이해동이 회고했듯이 이러한 가족들의 엄청난 고난과 고통은 '독립투사의 가족에게만 치러지는 운명'이었던가. 이상룡의 손부 허은 여사는 회고록에서 자신의 심정을 다음과 같이 격정적으로 토로하였다.

역사를 모르는 사람들은 '남의 종가 자손들이 좋은 집 두고 뭣 때문에 타국에 가 고생하며 그 좋은 재산 다 털어 먹었는가'라고 눈에 보이게 힐책했다.
…… 친정도 시가도 양쪽 집안은 거의 몰락하다시피 되어 있었다. 양가 일찍 솔가하여 만주벌판에서 오로지 항일투쟁에만 매달렸으니 그럴 수밖에 없었다.
…… 그때 친일한 사람들의 후손들은 호의호식하며 좋은 학교에서 최신

식 공부도 많이 했더라. 그들은 일본·미국 등에서 외국유학도 하는 특권을 많이 누리고, 그러니 그들은 훌륭하게 성공할 수밖에. 그러나 우리같이 쫓겨 다니며 입에 풀칠이나 하고 위기를 넘긴 사람들은 자손들의 교육 같은 것 생각지도 못했다. 오로지 어른들의 독립투쟁, 그것만이 직접 보고 배운 산교육이었다. 목숨을 항상 내놓고 다녔으니 살아 있는 것만 해도 기적에 가깝다. 애 어른 없이 그 허허벌판 황야에 묻힌 사람은 또 얼마나 많은데 …… 불모지에 잡초처럼 살았지.

이렇게 몰락된 삶이 남겨진 독립투사 가족들의 운명이었다. 이들의 가시밭길 같은 생활과 고초에 주목하는 이유는 우리의 올바른 과거사를 이해하는 동시에 스스로를 반성하기 위함이다.

김동삼의 삶과 자취

1878. 6. 23	경북 안동시 임하면 천전리 내앞마을에서 부친 김계락과 모친 영해 신씨의 2남 1녀 가운데 맏아들로 태어남. 본관은 의성, 본명은 김긍식, 이명은 김종식, 자는 한경, 호는 일송 집안의 가학을 이어 받고, 한말 안동 최고의 지도자였던 서산 김흥락으로부터 학문을 배움. 광산 김씨 김노창의 딸과 혼인하여 장녀가 태어남. 첫 부인의 죽음으로 반남 박씨 박순부와 재혼
1905.	동산 류인식에 영향을 받아 20대 중반 서울을 오가며 민족문제와 서양 문물에 눈을 뜸. 장남 정묵이 태어남
1907.	류인식·김후병 등과 함께 신식교육기관인 협동학교를 안동에 세우는데 앞장서고, 1911년까지 교사 및 교감으로 활동
1909.	신민회·대한협회 안동지회·대동청년단에 가입하여 활동 만주에 독립군기지건설 논의
1910. 가을	김효락의 맏아들 김만식과 독립군기지로 마땅한 땅을 찾고자 만주일대를 조사하고 돌아옴
1911. 3. 30	협동학교 제1회 졸업식 참가. 이후 만주로 망명
4.	유하현 삼원포에서 결성된 경학사의 조직과 선전을 담당
1912.	부민단에 참여. 차남 용묵 출생
1913.	김긍식에서 김동삼으로 개명
1915.	비밀 군영인 백서농장을 세우고 장주로 활동. 동생 김동만

		이 김동삼과 자신의 가족들을 이끌고 만주로 망명
1916.		시사연구회를 조직하고 강원도와 경상도지역의 정보수집 책임자를 맡음
1919.	3. 11	발표된「대한독립선언서」대표 39명에 포함
	3. 12	삼원포지역 독립선언과 독립만세운동에 참여
	4. 10~11	중국 상해에서 열린 대한민국 임시의정원 회의에 참석 후 남만주로 귀환. 백서농장을 해산하고 4월에 조직된 한족회의 서무사장을 맡음
	11.	서로군정서를 조직하고 군사지휘를 총괄하는 참모장을 맡음
1920.	10.	청산리대첩을 지원
	11.	동생 김동만이 일본군의 간도침입 시에 체포되어 순국
1921.		장남 정묵과 이원일의 딸 이해동 혼인. 사촌동생 김장식이 북만주로 이동하여 가족을 돌봄
	5. 6	여준·이탁 등과 함께 대한민국임시정부 개조를 요구하는 결의서를 작성하여 상해로 보냄
	가을	남만주 액목현에서 서로군정서를 다시 정비하고 법무위원장을 맡음
1922.	1.	남만통일회 참석하고 대한통의부가 결성될 때 교육부장으로 임명. 흑룡강성 목단강시 영안현 주가툰에 정착한 가족들을 만나봄
1922.	8.	조직된 대한통의부 총장으로 선임되고 중앙행정위원회 의장이 됨. 대한민국임시정부 교통총장에 지명되었으나 응하지 않음
	12월 하순	국민대표회의 참석을 위해 서로군정서 대표로 상해에 도착.

		막내딸 영애 출산
1923.	1. 18	국민대표회의 의장으로 선출. 국민대표회의 군사분과위원으로 활약
	6.	국민대표회의가 결렬되자 의장직을 사임하고 남만주로 귀환
1924.	7~8.	전만통일회의주비회 참가
	12. 25	결성된 정의부 중앙행정위원과 교육분과 위원을 맡음
1925.	3. 7	정의부 제1회 중앙행정위원회에서 외무위원장을 맡음
1926.	10. 10	대한민국임시정부 국무위원으로 선임
	11.	정의부 제3회 중앙의회에서 학무위원장 맡음. 다물당 가입 가족들은 영안현 주가툰에서 아성현 평방으로 이주
1927.	4. 1	농민호조사를 결성. 농민호조사 발기회가 열린 길림성 대동공사에서 일제의 요구를 받은 중국관헌에 의해 김동삼과 안창호를 비롯한 175명이 체포되었다가 석방됨. 삼부통합을 위한 유일당운동이 시작됨
1928.		정의부 교육위원장으로 활동
	4.	북만주로 신민부를 찾아가 삼부통합의 필요성을 강조함
	5.	삼부통합 회의에 참석. 반석현에서 열린 회의에서 집행위원으로 선출됨. 유일당의 조직 방법 문제로 정의부를 탈퇴 여름. 아성현 채가구에서 맏며느리와 첫 손자 장생을 만남
1928.	9.	길림성 신안에서 다시 삼부통합을 시도
	12.	길림성에서 혁신의회 조직. 혁신의회 의장과 중앙집행위원으로 선출
1929.		민족유일독립당재만책진회 조직. 남북만주한족총연합회동맹 조직에 한족총연합회 회장으로 참여. 재만농민동맹 가입
	12. 20	열린 재만농민동맹열성자대회 참가. 조선공산당재건설준

		비위원회 만주부와 재만한인반제국주의동맹 참여
1930.	3.	전만한인반제국주의대동맹 창립주비회 집행위원으로 활동
	7.	한국독립당 건설에 참여
	10. 10	중국 동북변방 부사령관 장작상을 만남
1931.	10. 5	오전 11시 하얼빈 도외 십육도가에서 이원일과 함께 체포되어 하얼빈 주재 일본총영사관 유치장에 구금. 유치장에서 단식투쟁 전개
	10. 8	일제가 가족들을 동원하여 회유하기 시작. 신의주지방법원으로 이감하기 직전 가족들을 면회
	11. 9	신의주지방법원 검사국으로 송치
	11.	가족들 하얼빈 시내로 이주
1932.	12. 23	열린 공판에서 검찰이 무기징역 구형
	12. 26	1심에서 10년 징역형 선고받음
1933.	1. 23	평양형무소로 이감
	3. 4	평양복심법원에서 10년 징역형을 선고받음
	3월 말	서울 서대문형무소로 이감. 가족들이 찍어 보내온 가족사진을 받아봄
1934.	1.	병이 악화되어 맏아들 정묵이 하얼빈에서 도착함. 가족들이 취원창으로 이주
1937.	4. 13	만 59세로 서대문형무소에서 순국. 인사동 경일여관에 호상소를 만들고 문상객을 맞음. 만해 한용운이 주선하여 성북동 심우장으로 유해를 옮기고 5일장으로 모심. 유언에 따라 유골을 한강에 뿌림

참고문헌

자료

- 『독립신문』·『동아일보』·『조선일보』·『독립신문』·『시대일보』·『중외일보』·『중앙일보』·『신한민보』·『한민』, 『자유신문』.
- 『대한협회회보』·『조광』·『개벽』·『현대평론』·『신동아』.
- 강덕상 편, 『현대사자료 28조선 4』, みすず書房, 1972.
- 경상북도경찰부, 『고등경찰요사』, 1934.
- 국가보훈처 편, 『독립군의 수기』, 1995.
- 국가보훈처, 『쌍공 정이형 회고록』, 1995.
- 국사편찬위원회, 『일제침략하한국36년사』 7, 1972.
- 국사편찬위원회, 『한국독립운동사』 3~5, 1968.
- 국회도서관, 『한국민족운동사료(중국편)』, 1976.
- 김경재, 「나의 해외 망명시대 ; 해삼위와 북만의 3년」, 『삼천리』 4-1, 삼천리사, 1932.
- 김정명, 『朝鮮獨立運動』 2, 原書房, 1967.
- 김정주, 『朝鮮統治史料』 8~10, 한국사료연구소, 1970.
- 김준엽·김창순, 『한국공산주의운동사자료집』 1~2, 아세아문제연구소, 1980.
- 독립운동사편찬위원회, 『독립운동사』 2·4·5, 1973.
- 안동독립운동기념관, 『국역 석주유고』 상·하, 경인문화사, 2008.
- 이준형, 「遺事」, 『石洲遺稿』 後集, 석주선생기념사업회, 1996.

- 재상해일본총령사관경찰부제2과, 『조선민족운동년감』, 동문사서점, 1932.
- 조선총독부 경무국, 『國外=於ケル容疑朝鮮人名簿』, 1934.
- 조선총독부 고등법원검사국사상부, 『思想月報』, 고려서림, 1987 영인.
- 조선총독부서무부조사과, 『朝鮮의 獨立思想및 運動』 1924(여강출판사, 1987 영인).
- 편집부, 「인생게시판」, 『삼천리』 6-7, 삼천리사, 1934.
- 한국독립운동사연구소, 『대한민국임시정부공보』, 2004.
- 한국출판문회원, 『일본의 한국침략사료총서』 26, 1990.
- 『日本外交年表竝主要文書』下, 原書房, 1965.

저서
- 김광재, 『대한민국 임시정부의 혁명가 윤기섭』, 한국독립운동사연구소, 2009.
- 김명섭, 『자유를 위해 투쟁한 아나키스트 이회영』, 한국독립운동사연구소, 2008.
- 김삼웅, 『만해 한용운 평전(개정판)』, 시대의 창, 2011.
- 김승학, 『한국독립사』, 독립문화사, 1965.
- 김준엽·김창순, 『한국공산주의운동사』 1·4, 청계연구소, 1986.
- 김중성, 『북만주 반일운동근거지 취원창』, 명지출판사, 2001.
- 김창순·박성수, 『한국독립전쟁사』, 삼광출판사, 1989.
- 김학규, 「白波自敍傳」, 『한국독립운동사연구』 2, 1988.
- 김희곤, 『만주벌 호랑이 김동삼』, 지식산업사, 2009.
- 김희곤, 『안동사람들의 항일투쟁』, 지식산업사, 2007.
- 김희곤, 『중국관내 한국독립운동단체연구』, 지식산업사, 1995.
- 박걸순, 『시대의 선각자 혁신 유림 류인식』, 지식산업사, 2009.
- 박영석, 『일제하독립운동사연구 - 만주노령지역을 중심으로』, 일조각, 1984.
- 박영석, 『재만한인독립운동사연구』, 일조각, 1988.

- 박영석,『한민족독립운동사연구』, 일조각, 1982.
- 박환,『만주한인민족운동사연구』, 일조각, 1991.
- 보훈연수원,『중국 동북지역의 독립운동사 연구』, 1995.
- 상동교회,『상동교회일백년사』, 1988.
- 서굉일·동암 편저,『간도사신론』하, 우리들의 편지사, 1993.
- 서대숙,『간도 민족독립운동의 지도자 김약연』, 한국독립운동사연구소, 2009.
- 서중석,『신흥무관학교와 망명자들』, 역사비평사, 2001.
- 신용하,『한국민족독립운동사연구』, 을유문화사, 1985.
- 신재홍,『독립전쟁사』, 한국독립운동연구소, 1991.
- 신주백,『만주지역 한인의 민족운동 연구(1925~1940)』, 성균관대박사학위논문, 1995.
- 애국동지원호회,『한국독립운동사』, 1956.
- 윤경로,『105인사건과 신민회 연구』, 일지사, 1990.
- 윤병석,『국외한인사회와 민족운동』, 일조각, 1990.
- 윤병석,『독립군사』, 지식산업사, 1990.
- 윤병석,『이상설전』, 일조각, 1984.
- 윤병석·김창순,『재발굴 한국독립운동사』1, 한국일보사, 1987.
- 이강훈,『항일독립운동사』, 정음사, 1974.
- 이덕일,『이회영과 젊은 그들』, 역사의 아침, 2009.
- 이은숙,『가슴에 품은 뜻 하늘에 사무쳐』, 인물연구소, 1981.
- 이해동,『만주생활 77년』, 명지출판사, 1990.
- 이훈구,『만주와 조선인』, 평양숭실전문학교 경제학연구실, 1932.
- 이현희,『대한민국임시정부사』, 집문당, 1982.
- 장세윤,『재만 조선혁명당의 민족해방운동 연구』, 성균관대박사학위논문, 1996.
- 조동걸,『한국근대사의 시련과 반성』, 지식산업사, 1989.

- 지복영, 『역사의 수레를 끌고 밀며』, 문학과지성사, 1995.
- 채근식, 『무장독립운동비사』, 대한민국공보처, 1949(민족문화사, 1985 영인).
- 최형우, 『해외민족독립운동소사』(1), 동방문화사. 1945.
- 허은·변창애, 『아직도 내 귀엔 서간도 바람소리가 : 독립투사 이상룡 선생의 손부 허은 여사 회고록』, 정우사, 1995.
- 현규환, 『한국유이민사』 상, 삼화인쇄주식회사, 1967.
- 현용순 외, 『조선족백년사화』, 요령인민출판사, 1985.
- 황민호, 「1920년대 한인사회 민족운동 연구」, 숭실대박사학위논문, 1997.
- 황용국 외, 『조선족혁명투쟁사』, 요령민족출판사, 1988.
- 坪江汕二, 『朝鮮民族獨立運動秘史』, 巖南堂書店, 1966(고려서림, 1993 영인).
- 牛丸潤亮·村田懋麿, 『最近間島事情』, 朝鮮及朝鮮人社, 1927.

논문
- 강재언, 「조선독립운동의 근거지문제」, 『조선민족운동사연구』 1, 청구문고, 1984.
- 강윤정, 「백하 김대락의 민족운동과 그 성격」, 『백하 김대락 선생 추모학술강연회』, 2008.
- 계기화, 「삼부·국민부·조선혁명군의 독립운동 회고」, 『한국독립운동사연구』 1, 한국독립운동사연구소, 1987.
- 고승제, 「간도이민사의 사회경제적 분석」, 『백산학보』 5, 백산학회, 1968.
- 고승제, 「만주농업이민의 사회사적 분석」, 『백산학보』 10, 백산학회, 1971.
- 권립, 「만주 '近代水田'의 개발과 우리 민족」, 『한국민족독립운동사의 제문제』, 김창수교수화갑기념사학논총간행위원회, 1992.
- 권립, 「역사상의 중국조선족의 법적지위」, 『조선학연구』 2, 1990.
- 권립, 「중국거주 한민족역사의 특점에 대하여 – 이중적 성격과 이중적 사명을

중심으로」, 『오세창교수화갑기념 한국근현대사논총』, 오세창교수화갑기념논총간행위원회, 1995.
- 김병기, 「서간도 광복군사령부의 성립과 활동」, 단국대석사학위논문, 1995.
- 김춘선, 「남만에서 조선농민을 수탈한 동아권업회사의 죄행」, 『불씨』, 민족출판사, 1995.
- 박걸순, 「1920년대초 국내무장투쟁단체의 활동과 추이 - 평북거점 천마산대 보합단을 중심으로」, 『한국독립운동사연구』 3, 한국독립운동사연구소, 1989.
- 박걸순, 「대한통의부 연구」, 『한국독립운동사연구』 4, 한국독립운동사연구소, 1990.
- 박영석, 「일제하 재만한인의 법적문제」, 『한국근대사논총』, 지식산업사, 1990.
- 박영석, 「정의부연구 - 민주공화정체를 중심으로」, 『일제하독립운동사연구』, 일조각, 1984.
- 박환, 「신민부」, 『한민족독립운동사』 4, 국사편찬위원회, 1988.
- 박환, 「쌍공 정이형 연구」, 『쌍공 정이형 회고록』, 국학자료원, 1996.
- 박환, 「정이형(1897~1956)연구」, 『우송조동걸선생정년기념논총』 2, 우송조동걸선생정년기념논총간행위원회, 1997.
- 변승웅, 「정의부」, 『한민족독립운동사』 4, 국사편찬위원회, 1988.
- 신주백, 「1927-28년 시기 재만한인 민족운동의 동향 - 민족유일당 '자치' 문제를 중심으로」, 『사학논총』, 일월서각, 1995.
- 신주백, 「1929-31년 시기 재만한인 민족운동의 동향 - 민족유일당 및 '자치' 문제를 중심으로」, 『역사학보』 151, 역사학회, 1996.
- 신주백, 「1930년대 만주항일무장투쟁」, 『한국사』 16, 한길사, 1993.
- 오세창, 「재만한인의 사회적 실태(1919~1930) - 중국의 대한인정책을 중심으로」, 『백산학보』 9, 백산학회, 1970.
- 유기철, 「만주지역 한인 민족운동의 성격변화에 대한 연구 - 1920년대 후반

을 중심으로」, 연세대석사학위논문, 1988.
- 유병호, 「1920년대 중기 남만주에서의 '자치'와 '공화정체' – 정의부와 참의부의 항일근거지를 중심으로」, 『역사비평』 여름호, 역사비평사, 1992.
- 유병호, 「1920년대 중기 남만지역의 반일민족운동에 대한 연구 – 참의부와 정의부의 반일근거지를 중심으로」, 『한민족독립운동사논총』, 박영석교수화갑기념논총간행위원회, 1992.
- 유준기, 「참의부」, 『한국민족운동사』 4, 국사편찬위원회, 1988.
- 윤병석, 「1910년대 독립군의 기지설정」, 『군사』 6, 국방부전사편찬위원회, 1983.
- 윤병석, 「1928, 9년에 정의·신민·참의부의 통합운동」, 『사학연구』 21, 한국사학회, 1969.
- 윤병석, 「서간도 백서농장과 대한광복군정부」, 『한국학연구』 3, 인하대 한국학연구소, 1991.
- 윤병석, 「참의·정의·신민부의 성립과정」, 『백산학보』 7, 백산학회, 1969.
- 윤병석, 「한인(한민족)의 간도개척과 민족운동」, 『한국민족독립운동사의 제문제』, 김창수교수화갑기념사학논총간행위원회, 1992.
- 윤휘탁, 「1920~39년대 만주 중부지역의 농촌사회구성 – 간도지방의 조선인 농민을 중심으로」, 『한민족독립운동사논총』, 박영석교수화갑기념논총간행위원회, 1992.
- 이동언, 「일송 김동삼연구」, 『한국독립운동사연구』 7, 한국독립운동사연구소, 1993.
- 이명화, 「1920년대 만주지방에서의 민족교육운동」, 『한국독립운동사연구』 2, 한국독립운동사연구소, 1988.
- 정원옥, 「재만 정의부의 항일독립운동」, 『한국사연구』 34, 한국사연구회, 1981.
- 정원옥, 「재만 정의부의 항일독립운동단체의 전민족유일당운동」, 『백산학보』 19, 백산학회, 1975.

- 조동걸, 「안동유림의 도만경위와 독립운동사상의 성향」, 『대구사학』 15·16, 대구사학회, 1978.
- 채영국, 「정의부의 지방조직과 대민정책」, 『한국독립운동사연구』 9, 한국독립운동사연구소, 1995.
- 채영국, 「1920년대 중만 남만지역독립군단의 정비와 활동」, 『한국독립운동사연구』 8, 한국독립운동사연구소, 1994.
- 채영국, 「1920년대 중후기 중일합동의 재만한인 탄압과 대응」, 『한국독립운동사연구』 11, 한국독립운동사연구소, 1997.
- 채영국, 「3·1운동 이후 서간도지역 독립군단 연구 – 대한독립단·대한독립군비단·광복군총영을 중심으로」, 『윤병석교수화갑기념한국근대사논총』, 지식산업사, 1990.
- 채영국, 「정의부의 성립과 중앙조직」, 『한국독립운동사연구』 10, 한국독립운동사연구소, 1996.
- 채영국, 「정의부의 이념」, 『한국민족운동사연구』, 우송조동걸선생정년기념논총간행위원회, 1997.
- 최홍빈, 「20세기초 중국동북지방에서의 반일민족독립운동」, 『국사관논총』 15, 국사편찬위원회, 1990.
- 한상도, 「통의부」, 『한민족독립운동사』 4, 국사편찬위원회, 1988.
- 황룡국, 「'조선혁명군' 역사에 대하여」, 『국사관논총』 15, 국사편찬위원회, 1990.
- 황민호, 「만주지역 민족유일당운동에 관한 연구 – 유일당촉성회의를 중심으로」, 『숭실사학』 5, 숭실대학교 사학회, 1988.
- 황민호, 「만주지역 민족유일당운동과 삼부통합운동」, 『쟁점 한국근현대사』 4, 한국근대사연구소, 1994.
- 황유복, 「정의부연구(상) – 사회적 배경을 중심으로」, 『국사관논총』 15, 국사편찬위원회, 1990.

찾아보기

ㄱ

가산서당 24
갑신정변 14
강남도 118
강보형 75
강세우 93
강용구 164
강일수 73
강화도조약 14
강화린 93
강화학파 53
개인본위조직론 147
개조파 126, 127
개화파 14
거국음 50
게릴라전 110
경술국치 25, 82
경신참변 100, 109, 117, 122, 164
경작권 59
경학사 39, 63, 66, 69, 71
「경학사취지서」 65
계용보 90
『고구려사』 52
『고등경찰요사』 50
고순흠 31

고이허 155
고할신 110, 111, 116, 145, 146, 155
공리회 70
「공리회취지서」 70
공화주의 132
곽문 86, 87
곽영 86
관전동로한교민단 112
관화국 72
광복군 93
광복군총영 111
광복단군 96
광한단 111
교남교육회 31
교성대 103
교육구국운동 24, 25
교통국 121
구국계몽단체 29
구국계몽운동 16, 25, 33~35
구춘선 98
국권회복운동 25, 33
국내진공작전 134
국무회의 87
국민대표회의 122~125, 127, 128, 135, 137, 144
국민부 156

국민회군　96
국수열　176
국어문전　91
군무도독부　98
군무도독부군　97
군사통일주비회　123
군사통일회의　144
군자금　32, 118, 134
군정파　151, 158
군중대회　63
권계환　92
권동진　29
권세연　15, 29
권원하　94
권준　93
극동민족대표회의　124
기미육영회　32
길흥학교　145
김갑　31
김강　149
김강우　141
김경달　75, 141
김경묵　106, 108
김경천　89, 90, 99
김계락　13
김관성　111
김교헌　83
김구　37, 115
김국초　98
김규식　48, 83, 84, 99
김극일　12
김기수　25, 27

김달　66
김대락　20, 22, 24, 29, 44, 47~49,
　　56, 60, 69, 70, 86, 143, 169, 185
김도화　20
김도희　37
김돈　151
김동만　56, 60, 103, 105~108, 164,
　　165, 181
김동식　75, 92
김락　24
김련　69
김만동　141
김만식　47, 50
김명봉　118, 150
김무칠　66
김문로　143
김병달　48
김병대　48
김병만　48
김병식　18
김봉문　150
김산　90, 91
김상덕　146, 152, 153
김상수　134
김석　73, 77
김석하　141
김선풍　112
김성로　48, 86, 90, 107
김성배　98
김성일　12, 13
김세준　141
김소락　169
김소래　98

김소하 149, 151, 152, 158
김수일 13
김승만 112
김승빈 95
김승학 135, 150~152, 156~158
김약연 83
김연준 112
김영만 116
김영윤 75
김옥 93
김옥균 14
김용규 77
김용대 140
김용묵 108, 181
김우권 92, 120
김우근 110
김우용 40
김원봉 93
김원식 146, 152, 153, 162
김응섭 140, 145, 161, 162
김이대 140, 143, 155
김자순 75, 86
김장식 48, 107, 181
김적음 176
김정묵 48, 129
김정식 48, 169
김정제 86, 75, 77
김종식 12
김종엽 94
김종진 152, 157
김좌진 83, 92, 99, 142, 151, 152, 157, 158
김중한 92

김지간 35
김진 12, 13
김진우 176
김창무 86
김창숙 123
김창의 112
김창헌 141
김창환 60, 66, 77, 90, 95, 99, 111, 118
김창희 111
김천로 143
김철 92, 138
김평식 133
김하성 92, 120
김학규 92
김학연 41
김항규 176
김혁 146, 176
김형식 47, 48, 52, 54, 71, 86, 88, 124, 126, 127, 143
김호 138
김환 75
김효락 47
김후병 18, 19, 22
김훈 93
김홍락 13, 15
김희락 14
김희선 35

ㄴ

나철 42
남궁억 29

남만청년총동맹 145
남만통일회 111
남만한족통일회 112
남만한족통일회의 112
남세극 42
남자현 166
남정섭 71
남정섭 86
남형우 30
노동강습소 74
노백린 115
노상익 53
농민호조사 143

ㄷ

단발령 15
단체본위조직론 146, 149
단체중심조직론 146
달성친목회 31
대동단결 144, 145, 146
대동사회 70
대동청년단 27, 30, 32
대사탄소학교 94
대성학교 25
대일전쟁 33
대한광복군영 112
대한광복군총영 112
대한국민회 98
대한국민회군 98
대한독립군 96, 98
대한독립단 110~112

「대한독립선언서」 81
대한독립의군부 81
대한민국임시정부 31, 83, 87, 115, 132, 135, 141
대한신민회 98
대한신지리지 91
대한역사 91
대한자강회 29
대한정의군영 112
대한정의군정사 99
대한총군부 97
대한통군부 110, 111
대한통의부 112, 116, 118, 121, 126
대한협회 27, 29, 47
『대한협회회보』 24
독립군 33, 34, 36, 74, 77, 87, 94, 96~98, 100, 103, 104, 120, 122
독립군기지 33, 34
독립군기지건설 32
『독립신문』 124, 125, 126, 132
독립운동기지 34, 40, 43, 44, 98, 110, 143
독립운동기지건설 29, 34, 36, 38, 43, 60
독립운동방략 32
독립임시사무소 84
독립전쟁방략 85
동북인민혁명군 157
동제사 84
동학농민운동 15
동화학교 94
둔전병제 137

ㄹ

류근   19
류도성   15
류동태   47
류인식   16, 19, 20, 22, 27, 29, 47, 63
류필영   20

ㅁ

만주사변   167, 182
『만주지리지』   51
맹보순   66
메이지유신   14
명동학교   42
명성황후   15
무관학교   34, 35, 37, 40
문학빈   118, 136, 141, 145
미일전쟁   75
민단   53
민무   158
민영환   44
민정파   151, 155, 156
민족교육기관   25
민족유일당운동   144, 145, 148, 149
민족유일당재만책진회   153, 158
민족유일당조직동맹   154, 156, 157
민종식   16
민주공화제   84

ㅂ

박건   86

박건병   153
박경종   29
박고봉   176
박광   176
박대호   133, 154
박두희   90
박명진   92
박병희   145
박상환   42
박상훈   75
박순부   170, 172, 186
박영효   14
박영희   93
박용만   83, 123
박은식   83, 102, 123, 128, 133
박장섭   90, 95
박정석   112
박중화   31
박창식   152, 158
박초식   134
박태열   93
『발해사』   52
방응모   176
『배달족강역형세도』   91
배중세   93
배천택   124, 127
배활산   152
백가장   71
백광운   76, 92, 96, 109, 112, 116, 118, 136, 150
백광흠   31
백기환   92
백남준   112

백산상회　32
백서농장　63, 74, 76, 116
백설령　117
105인 사건　38
백종렬　93
『백하일기』　69
변영태　69
변창근　111, 112, 116
보민회　109, 110, 118
보창학교　25
복벽주의　132
볼셰비키혁명　98
봉천연락사무소　32
부민단　68, 70, 71, 74, 77, 85
『부여사』　52
북경촉성회　144
북로군정서　92, 98, 99
「분통가」　69

ㅅ

삼부통합　93
삼부통합회의　149, 151
삼시협정　144
3・1운동　31, 79, 83, 85, 88, 94, 131
삼파연합　30
상동교회　44
상해촉성회　144
『새배달』　86
생육사　158
『서간도시종기』　45
서대문형무소　131, 171, 173~175, 182

서로군정서　86, 87, 89, 92, 96, 110~112, 116, 124, 127
서로군정서군　103
서로군정서의용대　92
서변계관리사　57
서북학회　30
서사록　49
서상락　93
서상무　57
서상일　30~32
서상호　32
서웅　72
서일　42, 98, 99
서전서숙　40~42, 71
서정희　176
서종록　48
선전공작대　111
성인수　86
성주식　69
성준용　72, 77, 90
손무영　95
송기식　29
『숙신사』　52
순국 제현 추도제　125
승진　138
시사연구회　77, 145
신광재　76, 96
신규식　83, 115
신돌석　16
신민부　93, 146~148, 152, 153, 156
신민회　24, 25, 27, 29, 31, 32, 34, 36~38, 40, 43, 44, 46, 47, 60, 66, 94

신성모　31
신숙　123, 127, 147, 158
신언갑　112, 116
신용관　75, 92, 109, 116, 118
신의주지방법원　171, 173
신채호　16, 19, 31, 35, 83
신철휴　93
신태휴　20
신팔균　31, 90
신한청년당　84
신해혁명　67
신형규　138
신화요회　161
신흥강습소　39, 42, 66, 68, 69, 71, 73, 89, 92
『신흥교우보』　73
신흥무관학교　39, 42, 49, 63, 88, 90, 91, 93~95, 116
신흥소학교　94
신흥학교　71, 73, 75, 88, 94
신흥학우단　73, 74, 77
신흥학우보　73
실력양성론　35
심용준　150, 154, 155
십가장　71

ㅇ

안동식　71, 86
안동원　86
안명근　37
안명근사건　37
안무　96
안병모　86
안사영　90
안상덕　25, 27
안상목　75
안중근　34
안창호　34, 35, 83, 122, 123, 133, 143, 145
안태국　37
안홍　141
안효제　53
안희제　30
야단　99
양계초　19
양규열　71, 75, 86, 88, 90, 116
양근환　176
양기탁　34, 37, 50, 132, 137
양산학교　25
양성환　66
양세봉　145
여운형　123, 176
여조현　42
여준　40, 71, 73, 81, 83, 87
연통제　121
영구소작권　160
영구임대권　160
오광선　90, 92, 95, 99
오동진　110, 116, 140, 142, 143, 145, 146
오산학교　25, 71
오상세　93
오석영　133
오세창　29
오창환　127

왕기서　94
왕삼덕　70, 86
왕유박　120
왕청문사변　121
운요호사건　14
원동상회　32
원동임야주식회사　43
원병상　72, 90
원세개　62
원세훈　123, 133, 144
원흥상회　32
위임통치　123
위임통치론　128
유광흘　155
유년필독　91
유동렬　35
유성룡　12
유완무　40
유인석　16, 60, 132
유정근　146
육군무관학교　72
육군주만참의부　135, 136
윤각　138
윤기섭　66, 72, 73, 86, 90, 95
윤덕보　138
윤병용　140, 142
윤보한　93
윤복단　86
윤상태　32
윤세복　31
윤세용　142
윤치국 사건　95

윤하진　138
윤현진　31
윤효정　29
을미사변　15
을사늑약　16, 33, 40
『음빙실문집』　19
의군부　96, 98, 134
의무교육　25
의무교육비　25
의병전쟁　33
의열단　31, 93
이갑　35
이갑수　66
이강년　29
이건승　53
이경일　134
이관린　110
이관직　25, 36, 40, 66
이광민　138, 162, 185
이광조　72
이교원　155
이규동　153
이규봉　69, 72
이극　72
이극로　31, 176
이근호　73, 75
이덕수　92
이도재　57
이동녕　35~38, 40, 41, 60, 63, 66, 67, 72, 77, 83, 133
이동림　155
이동화　73
이동휘　35, 83

이만도	20	이원일	47, 54, 107, 108, 129, 166, 171, 179, 181
이명세	52	이원태	91
이명순	98	이원혁	176
이범석	90, 93	이유승	62
이범윤	83, 97, 98	이유원	46
이병기	116	이유필	135, 142
이병철	92, 117	이은숙	45, 69
이병홍	176	이인	176
이봉희	62, 185	이일세	145
이상룡	16, 24, 27, 29, 44, 48~52, 56, 60, 62, 63, 65, 71, 72, 81, 83, 86, 87, 95, 137, 141, 142, 184, 186	이장녕	66, 77, 93, 99, 138, 158
		이종건	138, 153
		이종암	93
이상설	40, 41, 43, 44	이종혁	150
이상재	46	이종호	35
이석영	46, 69	이종화	27
이성우	93	이준형	52
이세영	72, 90	이중업	24
이수영	32	이진산	71, 77, 86, 124, 127, 138, 140
이승만	83, 115, 123, 124, 128, 141	이진호	77
이승훈	37	이천민	111, 116
이승희	43	이탁	71, 77, 86, 87, 140, 142, 145, 155
이시열	86		
이시영	40, 44, 80, 83, 90, 115	이토 히로부미	34
이영선	112	이학수	31
이영식	112	이해동	106, 107, 129~131, 163~165, 170, 175, 179~182, 184, 186
이영해	112		
이영희	154	이해동	48, 55, 67
이용태	57	이해명	93
이욱	138	이해천	32
이운강	93	이형갑	112
이웅해	110~112, 116	이황	12, 47
이원식	30	이회영	35, 36, 38~40, 45, 61~63, 66,

　　　　69
이휘림　86
일민단　118
일진회　30
임병무　155
임석호　52
임시의정원　128, 141
임시정부 의정원　87
임종만　53

ㅈ

장건상　31
장기초　109
장덕준　102
장도순　66
장유손　40
장유순　36, 40, 63
장작상　162
장정근　73
장지연　19, 29, 91
장집중　134
장창헌　117
재만농민동맹　160
재만농민동맹열성자대회　160
재만농민동맹중앙정리위원회　160
재만한인반제국주의동맹　161
재만한인제국주의동맹　160
전덕명　111
전덕원　110, 111, 132
전만통일회의주비회　137
전민족유일당촉성회　147

정노식　176
정무　86
정순만　40, 41
정신　151, 152, 158
정영도　35
정영진　167
정원택　81, 82
정원하　53
정의부　93, 140, 141, 145, 146, 148, 152~154, 156
정재관　43
제1차 세계대전　75, 77
제헌의회　84
조동식　99
조선공산당재건설준비위원회　161
조선국권회복단　31
조선노동공제회　31
조선노동문제연구회　31
조선인민회　109, 110
조선혁명군　93
조선혁명당　155, 157
조성환　35, 83, 99, 142
조세웅　62
조소앙　82, 83, 115
조이풍　62
조재기　52
조지훈　176
조헌영　176
주진수　86, 37, 44, 60
중일전쟁　75
중일합동 수색대　94, 102
『지산외유일지』　81
지용기　140

지청천   88~90, 95~97, 99, 103, 140,
        152, 153, 157, 158
진상조사단   133

ㅊ

참의부   93, 117, 121, 136, 147, 148,
        150, 152~154, 156, 158
창조파   126, 127, 128
채상덕   111, 116, 133
채찬   75
척사유림   19
천가장   71
청도회의   35
청산리대첩   93, 95, 98, 106
청일전쟁   15
초등군사반   90
초토화작전   100
최동욱   145, 146, 155
최명수   71, 77, 86, 138, 153
최석순   118, 150
최석하   35
최성천   27
최윤동   93
최익현   16
최재경   154
최정규   118
최지풍   118, 150
최진동   97, 98
최해   93
충의사   57
취원창   169, 172, 177, 184, 186
친일단체   109, 110

ㅌ

태궁상회   32
태평양회의   122, 123
토지소유권   59
토지전매조차금지법   62
통감부   16
통의부   131, 134
통의부의용군   109, 116, 117, 136
통일위원회   111

ㅍ

파리강화회의   84
평북독판부   112
평안북도독판부   111
평양형무소   171, 173
포조군   100

ㅎ

하동농장   142, 184
하서농장   142, 184
하중환   22
한교민단   111
한국독립군   93
한국독립당   158, 159, 166
『한국독립운동지혈사』   102
한국유일당   144
한민학교   42
한민회군   96
한봉근   93
한봉인   93

한용운   176
한의제   150
한인청년회   79
한인촌   56
한족노동당   145, 161
『한족신보』   86
한족자치연합회   158
한족총연합회   158
한족회   68, 76, 85, 87, 92, 95, 110, 127
한흥동   42
해천상회   32
향산상회   32
허식   75, 77, 86
허영백   76
허영호   176
허은   186
허헌   176
허혁   71, 83
헤이그특사   41
혁신유림   16, 60
혁신의회   154
현기전   92
현순   84
현익철   146, 155
현정경   110, 116, 140, 143, 146

현채   91
현천묵   142
혈성단   98
협동학교   18, 19, 24, 25, 27, 47, 54, 107, 129
호계서원   22
호명신   62
홍기주   118
홍명희   176
홍범도   95, 96, 98, 99
홍승헌   53
홍익선   141
홍종락   90
홍진   153, 158
홍창섭   40
환오상회   32
황기룡   155
황달영   40
황도영   52
황만영   47
황무지개척권   40
황학수   141, 152, 153, 158
황혁   151
흥농회장   143
흥학조칙   20
흥학훈령   20

만주지역 통합운동의 주역 **김동삼**

1판 1쇄 인쇄 2012년 3월 20일
1판 1쇄 발행 2012년 3월 26일

글쓴이   김병기
기획   독립기념관 한국독립운동사연구소
펴낸이   김능진
펴낸곳   역사공간
          서울시 마포구 서교동 463-31 플러스빌딩 5층
          전화 : 02-725-8806~7, 팩스 : 02-725-8801
등록   2003년 7월 22일 제6-510호
ISBN 978-89-90848-94-9 03900

*잘못된 책은 바꿔 드립니다.
가격 10,000원